NO BUNKER DE HITLER

OBJETIVA

Joachim Fest

NO BUNKER DE HITLER

Os Últimos Dias do Terceiro Reich

Tradutores
Jens e Patricia Lehmann

OBJETIVA

Título original
Der Untergang: Hitler und das Ende des Dritten Reiches: Eine Historische Skizze

EDITORA OBJETIVA LTDA., rua Cosme Velho, 103
Rio de Janeiro – RJ – CEP: 22241-090
Tel.: (21) 2556-7824 – Fax: (21) 2556-3322
www.objetiva.com.br

Capa
Paulo Caetano – dascinzasdesing sobre foto de William Vandivert Time Life Pictures/Getty Images

Revisão técnica de termos militares
Edson Ribeiro

Revisão
Ana Kronemberger
Antônio dos Prazeres

Editoração Eletrônica
Abreu's System Ltda.

F418b
Fest, Joachim
No *bunker* de Hitler : Os últimos dias do Terceiro Reich / Joachim Fest. Tradução de Jens e Patricia Lehmann. – Rio de Janeiro : Objetiva, 2005

189 p. : fotografias ISBN 85-7302-664-2
Tradução de : *Der Untergang: Hitler und das Ende des Dritten Reiches : Eine historische Skizze*

1. Europa – História – Guerra (1939-1945). 2. Segunda Guerra Mundial. I. Título

CDD 940.53

Sumário

Prefácio

A história recente desconhece qualquer acontecimento catastrófico comparável ao ocaso da Alemanha em 1945. Jamais, até então, o declínio de um império havia custado tantas vidas humanas, arrasado tantas cidades e destruído regiões inteiras. Harry L. Hopkins, conselheiro dos dois presidentes americanos durante a guerra, estava correto ao comparar a cidade de Berlim em ruínas à Cartago aniquilada, trazendo à imagem a alvorada da história.

As privações e o sofrimento pelos quais aquelas pessoas passaram não se resumiam aos horrores inevitáveis de uma derrota exacerbada pelo poder de destruição da guerra moderna. Mais do que isso, parecia que uma força condutora se manifestava na agonia que pôs fim ao império de Hitler. Ela impedia que seu domínio simplesmente terminasse e se empenhava em levar o país como um todo à ruína, literalmente. Assim que chegou ao poder e, posteriormente, repetidas vezes, Hitler deixou claro que jamais capitularia. No início de 1945, ele assegurou ao seu ajudante-de-ordens da Força Aérea, coronel Nicolaus von Below, o seguinte: "Pode ser o nosso fim, mas levaremos junto o mundo."

Hitler sabia, havia muito, que a guerra estava perdida. Os primeiros comentários nesse sentido já haviam sido feitas em novembro de 1941. Entretanto, sua força destruidora ainda teria muito fôlego. Durante os últimos meses, um tom de júbilo embasava todos os apelos para perseverar e exortações para defender o território, evidente na seguinte exclamação de Robert Ley após a destruição de Dresden: "É quase um alívio! Passou! Não seremos mais desviados pelos... monumentos da cultura alemã!" E Goebbels falou dos "grilhões destroçados" que haviam sido "igualados à terra". O próprio Hitler já havia ordenado no outono de 1944 e, mais uma vez, através da chamada "Ordem de Nero", de 19 de março de 1945, a demolição de diversas instalações vitais para a manutenção da vida — indústrias e centrais de abastecimento, ruas, pontes e sistemas de canalização —, de tal forma que apenas uma "civilização extinta" caísse em mãos inimigas.

Hitler passou aqueles meses finais da guerra no *bunker* que ele havia mandado construir no início da década de 1940. Dali, de uma profundidade de quase dez metros, ele comandava exércitos há muito abatidos e ordenava batalhas decisivas que jamais seriam travadas. De Claus Schenk von Stauffenberg, autor do atentado contra Hitler, em 20 de julho de 1944, veio a seguinte exclamação após contemplar o quartel-general betonado do *Führer*: "Hitler no *bunker* — esse, sim, é o verdadeiro Hitler!" Com efeito, essa relação entre o frio, a ânsia aniquiladora e alienada da realidade, e o *páthos* operístico que orienta as decisões de Hitler nos últimos tempos revela muito sobre suas características mais marcantes. É nestas semanas, durante as quais ele, mais do que nunca, se afasta do mundo encarcerando-se no *bunker*, que seu comportamento manifesta com maior precisão aquilo que o compeliu durante toda a vida. Condensado e intensificado, revive-se tudo mais uma vez — seu ódio pela humanidade, a solidificação de padrões de pensamento arraigados desde cedo, uma tendência ao impensável, que, durante tanto tempo, levaram-no de vitória em vitória — antes do fim iminente. Um dos grandes espetáculos que ele havia apreciado durante toda a vida, no entanto, ainda estava por vir e, provavelmente, seria ainda mais grandioso do que o imaginado.

Para compreender e imaginar os acontecimentos, deve-se ter em mente a autoridade indiscutível que Hitler ainda emanava, apesar do consenso geral sobre sua debilidade. Por vezes, até parece que sua aparência senil e o visível esforço que fazia arrastando-se entre as dependências subterrâneas fortalecessem o efeito sugestivo que suas aparições geravam. Era raro alguém que ousasse contradizê-lo. Generais experientes e oficiais altamente condecorados emudeciam durante os informes diários, mantendo-se impassíveis a muito custo. Assim, também, seguiam as ordens que lhes eram dadas, por mais que o desvario e a insensatez fossem patentes.

Para todos esses e alguns outros eventos, este relato fornece incontáveis exemplos, freqüentemente consternadores. Eles conferiram aos acontecimentos uma singular dramaticidade. Tanto mais surpreendente é a "luz da dúvida" que paira sobre o que se passava no *bunker* do *Führer*. Essa expressão tem sua origem no historiador britânico Hugh R. Trevor-Roper, autor da primeira descrição confiável desse período em *Os Últimos Dias de Hitler*, título do levantamento minucioso de dados que publicou já em 1946. Até hoje, essa luz continua fraca. Há, por exemplo, quatro versões contraditórias de testemunhas próximas do suicídio de Hitler. Situação semelhante ocorre em relação ao paradeiro dos corpos do ditador e da mulher com quem contraíra matrimônio na noite anterior. O mesmo acontece com a suposta investida soviética sobre a Chancelaria e com muitos outros fatos.

O ceticismo em relação às descobertas deve-se, em parte, ao fato de as investigações críticas, inclusive as realizadas por Trevor-Roper, somente terem começado meses após os acontecimentos, quando muitas testemunhas importantes já haviam desaparecido na confusão da guerra ou em prisões soviéticas, estando, portanto, inacessíveis. Não só incontáveis patentes da SS que faziam parte da guarnição da Chancelaria, bem como oficiais da Wehrmacht[1] da região de combate de Berlim, funcionários do *bunker* e, até mesmo, os dentistas de Hitler retornariam à Alemanha somente em 1955, após a visita de Adenauer a Moscou.

Foi assim que, de repente, inúmeros informantes sobre um dos acontecimentos incontestavelmente mais importantes e graves da história da Alemanha ficaram à disposição. A oportunidade de interrogá-los, entretanto, foi desperdiçada. Na ocasião, nem o acontecimento em si, nem seus participantes imediatos deveriam despertar grande interesse. Havia muitos motivos para tal.

Sem dúvida, um deles era o fato de a queda do *Reich* ser encarada como uma catástrofe nacional. Mas a nação já não existia, e o conceito de catástrofe acabou, com o passar do tempo, tornando-se mais uma vítima dos debates alemães em torno de sutilezas. Para muitos, "catástrofe" ecoava por demais "destino" e renegação de culpa, como se tivesse sido provocada por uma repentina nuvem de temporal histórica. Além disso, o termo não englobava a idéia da libertação, que, no entanto, está imperiosamente associada ao ano de 1945.

Essa foi a primeira motivação para o estranho descaso não só durante a investigação dos acontecimentos, mas também ao proteger as fontes. Apenas alguns repórteres históricos, em sua maioria de origem anglo-saxônica, interessaram-

[1] Forças armadas alemãs. (N. dos T.)

se pelo tema a partir da década de 1960 e começaram a entrevistar aqueles que haviam presenciado os fatos. Também desempenhou um papel importante o fato de a história, como ciência, começar a descobrir, justamente naquela época, a importância das estruturas no processo histórico e, dito de forma simplificada, começar a considerar as relações dentro da sociedade muito mais importantes do que os acontecimentos em si. A necessidade elementar da presentificação, base para toda reflexão histórica, passou a não ser mais considerada científica, assim como a técnica narrativa. Ao mesmo tempo, qualquer tema histórico de caráter dramático era difamado, como se sua descrição fosse, necessariamente, sensacionalista. Na verdade, a geração dominante de historiadores, que se caracteriza pela atração por detalhes, evita os grandes acontecimentos, especialmente aqueles com grande carga de tensão. Às vezes, porém, o cronista faz bem em deixar a lupa de lado. A relação que tudo evoca entre si, a qualquer tempo, também tem seu significado e revela fatos que uma observação detalhada jamais traria à tona.

Este livro foi escrito com essa intenção. O pontapé inicial foi dado há um ano e meio, quando redigi um texto sobre "o *bunker* do *Führer*", minha contribuição à coletânea de Etienne François e Hagen Schulze, *Deutsche Erinnerungsorte.* O ensaio, forçosamente curto, que descrevia a história do palácio da Chancelaria na Wilhelmstrasse, apenas dava uma idéia do que foi o último dia na vida de Hitler, além de esboçar os acontecimentos posteriores.

Após o lançamento do livro, chegaram várias solicitações de uma bibliografia que desse, ao menos, uma idéia abrangente do que foi o declínio do *Reich.* Só então, dei-me conta que, fora algumas poucas publicações em muitos pormenores já ultrapassadas, praticamente não havia nada acessível, em conformidade com as mais recentes descobertas, que descrevesse os abomináveis eventos ocorridos naquelas semanas. O mesmo ocorre para os acontecimentos posteriores, quando, caído o pano, a peça sangrenta continuava a ser representada na antecena, de acordo com os humores da história.

Os autores, citados ao final deste livro junto com suas obras, ampliaram consideravelmente meu entendimento do desenrolar dos acontecimentos. É evidente, entretanto, que falta um panorama que destaque não só o processo em si, mas também os aspectos importantes que teceram o pano de fundo. Esta exposição não pretende nem pode ser mais do que um ponto de partida. Ela se autodenomina um "esboço histórico". Em quatro capítulos narrativos, descreve os eventos turbulentos — vergados sob a pressão exercida pela fatalidade inexorável que se aproximava —, que se desenrolavam tanto no mundo do *bunker* quanto na capital condenada, que abismava num redemoinho de destruição. Entremeadas, há quatro interpolações reflexivas menores, que aproveitam um gancho deixado, anteriormente, na descrição da marcha dos acontecimentos.

Tanto as descrições quanto as reflexões são imprescindíveis para a compreensão daqueles 14 dias de horror. Se historiar implica resgatar partes de existências vividas, o declínio diligentemente provocado por Hitler e executado com solicitude por incontáveis subalternos exigirá do texto histórico uma perspectiva necessariamente abrangente. Ele não deve deixar de mencionar as decisões irracionais da liderança — e como chegaram a esse ponto — nem o medo e o espanto que se seguiram. Da mesma forma, deve descrever a confusão emocional e mental na qual se perdeu a maioria dos atores; além dos momentos profundamente cômicos que, eventualmente, congelavam todo aquele horror. Mas, principalmente, esse texto histórico deve deixar transparecer, nem que o faça vagamente, o pesar pelo absurdo que se faz sentir ao refletir sobre a incessante força aniquiladora da qual é feita a história.

Um país *in extremis*: as próximas páginas discorrem sobre isso e, necessariamente, também, sobre as circunstâncias que levaram a essa situação, tornando-as compreensíveis.

Capítulo Um

O início da batalha

Às três horas, foguetes de iluminação ascenderam ao céu noturno e banharam de um vermelho intenso a cabeça-de-ponte perto de Küstrin. Após um instante de silêncio angustiante, o céu veio abaixo, fazendo tremer as margens do Oder muito além de Frankfurt. Como que acionados por um fantasma, sirenes disparavam em diversas localidades entre Küstrin e Berlim, telefones tocavam e livros caíam das prateleiras. Com vinte exércitos e 2,5 milhões de soldados, mais de 40 mil lançadores de granadas e artilharia de longo alcance, bem como centenas de órgãos de Stalin,[1] somando trezentos tubos por quilômetro, o Exército Vermelho dava início à batalha, em 16 de abril de 1945. Nas cercanias dos lugarejos Letschin, Seelow, Friedersdorf e Dolgelin, imensas colunas de fogo arrojavam-se às alturas e construíam uma parede formada de relâmpagos, projéteis de pedaços de solo e destroços voadores. Florestas inteiras foram consumidas pelo fogo. Posteriormente, alguns dos sobreviventes descreveriam furacões em brasa, que assolaram aquela região e transformaram tudo em fogo, pó e cinzas.

Meia hora depois, o barulho infernal cessou subitamente, dando lugar a segundos de silêncio asfixiante, durante os

[1] Órgão de Stalin: lançador de foguetes russo que lançava até 42 foguetes de uma vez através de um sistema multitubular, que dava ao armamento a aparência de um órgão. (N. dos T.)

quais só se ouvia o crepitar do fogo e o uivo dos ventos. Em seguida, o céu na linha de frente soviética foi iluminado por um raio de luz perpendicular que partia de um holofote e dava sinal a outros 143 holofotes, dispostos a uma distância de 200 metros uns dos outros, para iluminarem diretamente o campo de batalha. Aqueles feixes luminosos ofuscantes revelavam uma paisagem lunar e somente interrompiam seu caminho nas colinas de Seelow, objetivo operativo do dia do comandante-em-chefe da 1ª Frente Bielo-Russa, marechal Georgi K. Zhukov. A seguinte ordem de Zhukov deu início à batalha: "O inimigo deve ser eliminado no caminho mais curto para Berlim. A capital da Alemanha fascista deve ser ocupada e, sobre ela, a bandeira da vitória deve ser hasteada!"

O dramático espetáculo luminoso, apelidado pelos estrategistas de "a arma milagrosa" de Zhukov, provou ser um fracasso de alto custo. Apesar da oposição, o marechal ateve-se ao propósito de "ofuscar" o inimigo, já confuso e desalentado após o fogo contínuo, até tirá-lo de combate. Dessa forma, as colinas que ficavam por trás e se elevavam a uma altura de, aproximadamente, 30 metros intercalando vales e encostas poderiam ser atropeladas logo no primeiro ataque. Porém, a espessa cortina de fumaça e a bruma que o fogo cerrado haviam estendido sobre a planície não só interceptavam a luz dos holofotes, bem como desorientavam os soldados soviéticos no alvorecer leitoso. Além disso, constatou-se que o alto comando havia calculado mal a dificuldade daquele terreno intransitável, recortado por canais, pântanos e regos, e que, como sempre na primavera, encontrava-se inundado. Caminhões de tropas, tratores e equipamentos pesados de toda sorte acabaram presos naquele lodaçal, derrapando cada vez mais fundo e, finalmente, sendo abandonados.

Decisiva, entretanto, foi a ordem do general Gotthard Heinrici, comandante do Grupo do Exército Weichsel, já familiarizado com essa tática de guerra russa. Pouco antes do início da batalha, ele retirou as posições defensivas dianteiras, de forma que o fogo inimigo atingiu, predominantemente, o vazio. Enquanto as unidades de infantaria inimiga — escoltadas e comandadas por uma maciça força blindada, com as bandeiras ao vento e ao som de gritos estridentes — saíam de dentro da cortina de fumaça; as forças de defesa — consideravelmente mais fracas, formadas de sobreviventes de diferentes unidades aniquiladas — aguardavam até que os inimigos estivessem próximos o bastante e atiravam praticamente a esmo no conjunto de sombras. Simultaneamente, centenas de canhões antiaéreos com os canos abaixados abriam fogo assim que os tanques que se aproximavam em meio ao tropel ganhavam contornos na luz difusa. Ao raiar do dia, o ataque havia sido contido, com grandes perdas do lado dos agressores.

À primeira derrota, Zhukov permitiu que se seguisse uma segunda. Decepcionado e desesperado com o fracasso, e pressionado por um visivelmente irritado Stalin, Zhukov ordenou, mudando a ofensiva previamente planejada, a mobilização de duas divisões de blindados que, antes, aguardariam na retaguarda. Originalmente posicionadas para o momento em que a barreira de defesa alemã abrisse uma brecha maior, agora se adiantavam para o campo de batalha, criando uma confusão ainda maior na retaguarda da tropa combatente. Elas abriam passagem por entre unidades desorientadas em ruas obstruídas, impediam a mudança de posição da artilharia e bloqueavam as rotas de acesso para material de reabastecimento e reforços. Além disso, como elas tinham entrado em combate sem qualquer coordenação, acabaram criando tal caos que, sem muita demora, chegou a paralisar toda a operação soviética. Um dos comandantes de Zhukov, o general Vassili I. Tschuikov, registrou, na noite de 16 de abril, que as unidades soviéticas não haviam cumprido suas ordens e, em parte, não haviam avançado sequer um passo. A intenção de ocupar Berlim no quinto dia da ofensiva havia malogrado.

No quartel-general de Hitler, o abrigo subterrâneo no terreno da Chancelaria, o ataque havia sido aguardado com um misto de impaciência, ansiedade e resignação entorpecida. Já as notícias dos primeiros êxitos fugazes da resistência provocaram o recrudescimento primeiramente confuso e, em seguida, quimérico, de esperanças na vitória. Ainda assim, Hitler ordenou os preparativos para a defesa do bairro que sediava o governo e, em especial, o terreno da Chancelaria, posicionando artilharia antiblindados e lançadores de granadas e providenciando canhoneiras. À tarde, ele deu uma "ordem do dia aos combatentes da frente oriental" que despertou neles a fúria exterminadora necessária para aniquilar o inimigo mortal — o judeu-bolchevique — e que expressava a convicção de que o ataque asiático também "desta feita... sangraria frente à capital do Império Alemão... Vocês, soldados da frente oriental, sabem", continuava, "que destino ameaça, principalmente, as mulheres e crianças alemãs. Enquanto os velhos, homens e crianças são assassinados, mulheres e moças serão humilhadas como prostitutas em casernas. O resto marchará em direção à Sibéria".

No decorrer da ofensiva de janeiro, o Exército Vermelho não só havia alcançado o rio Oder, mas também conseguira atravessá-lo em diversos pontos da região de Küstrin, aproximadamente 30 quilômetros ao norte de Frankfurt. Batalha após batalha, o inimigo conseguira construir uma cabeça-de-ponte de quase 40 quilômetros de comprimento e, em certos trechos, até 10 quilômetros de profundidade, que ameaçava toda a posição de Nibelungen até o rio Neisse. As forças alemãs somente começaram a cavar trincheiras em Berlim e ao redor da cidade no início de março, quando também construíram posições fortificadas e posicionaram barreiras antitanque. Entretanto, logo que as tropas soviéticas se detiveram, a construção do sistema de defesa da cidade, por mais provisório que fosse, cessou, inexplicavelmente. A interrupção das obras foi provocada pelo próprio Hitler, que teimava cada vez mais, que a defesa da capital já deveria acontecer às margens do Oder e nenhuma unidade deveria abandonar a posição à qual havia sido destinada. "Sustentar ou sucumbir!" era o lema repetido nas incontáveis ordens e nos apelos para perseverar.

As forças armadas soviéticas enfrentavam o 56º Corpo Blindado do general Helmuth Weidling e, mais ao sul, principalmente o 9º Exército sob o comando do general Theodor Busse. O general Heinrici, sob cujo comando se encontra-

Comandante-em-chefe Vassili Ivanovitch Tschuikov (à esquerda) e general Theodor Busse (à direita), que desempenharam papel crucial na operação da batalha.

vam as duas unidades, havia advertido, em vão, para o perigo de serem encurraladas no caso de Zhukov conseguir romper a barreira alemã; além de haver alertado repetidas vezes que o fim estava próximo, devido à carência de efetivo experiente na infantaria, de munição e de reabastecimento de toda a sorte, e ao esgotamento extremo das tropas. No entanto, a convicção obstinada de Hitler de que o desejo suplanta qualquer obstáculo material, acrescida de vagas e jamais cumpridas promessas jactanciosas de Göring, Dönitz ou Himmler, trazia àquele grupo — pelo menos, temporariamente — a esperança há muito enterrada e mantida artificialmente viva apenas por Hitler. No fim, alguns batalhões de colunas civis foram transportados, de ônibus, à linha de frente para deter o exército de Zhukov e seu Corpo Motorizado. Enquanto o rádio anunciava que "milhares de berlinenses seguiam para o *front* com suas unidades", a missão de parte deles já havia terminado. Aviões de caça russos, que já controlavam todo o espaço aéreo ao redor da cidade, haviam interceptado e destruído algumas colunas de viaturas a meio caminho com poucos ataques rasantes.

As previsões de Heinrici se concretizavam com exatidão. Depois de formar novamente suas unidades, Zhukov ordenou mais ataques ao escurecer. Tanto maior foi a crueldade imposta quando soube que seu rival ao sul do *front*, marechal Ivan S. Konjev, aparentemente havia tido maior êxito em suas manobras. Konjev não só havia conseguido atravessar o rio Neisse, na região da Lusácia, em mais de 130 lugares e, com isso, garantir o sucesso da ofensiva; mas também passou a crer que, agora, dispunha de excelentes motivos para reivindicar novamente sua participação na conquista de Berlim e contestar, no último instante, o troféu de vitória prometido a Zhukov. Tinha início uma competição silenciosa, incitada por Stalin com astutas insinuações contra Zhukov que, entrementes, havia caído em desgraça. Quando, durante uma conversa com o ditador, Konjev pediu permissão para marchar com sua ala direita em direção ao norte, passando por Lübben e Luckenwalde, de forma a alcançar em poucos dias Zossen, no limite da cidade de Berlim, Stalin perguntou se o marechal sabia que o "quartel-general do exército alemão" se encontrava em Zossen. Ao "Sei" lacônico de Konjev, seguiu-se a resposta de Stalin: "Está bem, estou de acordo. Que os dois exércitos de blindados avancem sobre Berlim."

Era quase meia-noite quando, mais ao norte, no setor central do *front* do Oder, as tropas de Zhukov finalmente alcançaram as primeiras casas de Seelow. A batalha travou-se durante algum tempo em torno daquelas colinas em forma de ferradura. Depois, as unidades da Wehrmacht, uma verdadeira colcha de retalhos de unidades anteriores, cá e lá com um décimo do potencial do inimigo e completamente esgotados, acabaram batendo em retirada. Além disso, Heinrici estava cada vez mais preocupado com a possibilidade de as unidades de Konjev, que avançavam em ritmo acelerado, de repente surgirem pela retaguarda e cercarem o 9º Exército. No dia seguinte, assim que chegou a informação de que uma de suas unidades de elite, a Divisão de Pára-quedistas posicionada nos topos das colinas de Seelow, havia debandado em pânico, Heinrici pediu uma ligação para o *bunker* de Hitler.

Como já havia acontecido várias vezes, no entanto, os comunicados urgentes deparavam-se com a mais absoluta incompreensão. A sugestão de retirar as tropas da fortificação Frankfurt/Oder e levá-las para cobrir um rombo quilométrico nas linhas de defesa foi negada friamente. E, também, mais tarde, quando ele pediu autorização ao recém-promovido chefe-geral de Estado-Maior, general Krebs, para recuar suas próprias unidades, ouviu apenas um suspiro desolado do outro extremo. Krebs disse, então: "Hitler jamais concordará com isso. Mantenham todas as posições!"

Por volta de 19 de abril, as colinas de Seelow até Wriezen, mais ao norte, estavam em mãos russas; e o corredor no meio, que um viajante, há menos de um século, havia descrito como "terras longínquas e maravilhosas — um reino de paz, cor e aroma", não passava de uma região desfigurada por crateras. Daí para a frente, o restante da linha de defesa alemã ia se desfazendo aos pedaços, em batalhas localizadas. De acordo com informações soviéticas, a ofensiva custou ao invasor 30 mil vidas, enquanto cálculos mais confiáveis chegam a contar 70 mil mortos, contra as 12 mil perdas do lado alemão. A distância até Berlim mal chegava a 70 quilômetros, e não havia nenhuma linha de frente contínua no caminho, apenas pontos de apoio e alguns vilarejos, bosques ou elevações protegidas por unidades isoladas. Dois dias depois, a artilharia soviética de longo alcance deslocada às pressas em direção à cidade, já lançava as primeiras granadas sobre a Hermannplatz em Berlim. Elas provocaram um banho de sangue entre os passantes inscientes e as filas de compradores diante da loja de departamentos Karstadt.

Quase uma semana antes, tropas americanas haviam alcançado o rio Elba, na altura de Barby, onde interromperam a marcha. "Berlim não é mais um alvo militar", explicara o comandante-em-chefe americano, na pessoa do general Dwight D. Eisenhower, aos perplexos comandantes das tropas. A cidade pertencia aos russos, assim havia sido acordado; portanto, a guerra na região norte do império havia chegado ao fim para os americanos. Enquanto isso, o marechal-de-campo Walter Model, após haver repetidamente recusado diversas propostas de rendição, acabou suspendendo a batalha na bacia do Ruhr e dispensando seu grupo do exército. Mais de 300 mil soldados alemães e trinta generais foram presos. "Será que fizemos tudo ao nosso alcance", perguntou Model ao seu chefe de Estado-Maior, "para que nossa atitude seja justificável perante a história? Ou resta algo a fazer?" Após mirar o vazio durante um instante, acrescentou: "Antes, os generais vencidos tomavam veneno." Não muito tempo depois, ele acabou fazendo o mesmo.

Havia semanas que Hitler se sentia perseguido pela desgraça. Uma linha de defesa após a outra havia sucumbido, a começar pela grande ofensiva do Exército Vermelho na Hungria, o levante das guerrilhas sob o comando de Tito, a queda das fortalezas de Kolberg e Königsberg. Milhares de notícias alarmantes, embora menos significantes, que chegavam diariamente. Além disso, havia as divergências com Guderian, chefe de Estado-Maior que, nesse ínterim havia sido substituído, e com o obstinado Speer, que, em fins de março, chegara a perder a fé "no prosseguimento vitorioso da guerra". "No meio de toda a traição que me circunda", teria dito Hitler, "apenas a infelicidade me permanece fiel — a infelicidade e minha pastora alemã, Blondi."

A corrente de notícias ruins só pareceu romper-se uma vez, quando Goebbels, na noite de 13 de abril, sem fôlego e com voz esganiçada gritou ao telefone: "Meu *Führer*, parabéns! Está escrito nas estrelas que, na segunda metade de abril, a sorte virará para o nosso lado. Hoje é sexta-feira, 13 de abril!" Ele continuou, explicando que o presidente Roosevelt falecera e que, na reunião de generais, ministros e chefes de partidos convocada imediatamente, esperanças havia muito desvanecidas reascendiam em função da conjunção dos planetas, ascendentes e trânsitos no quadrante. Com um maço de papéis na mão trêmula, Hitler ia de um a outro, dando a impressão de estar ligeiramente ausente, enquanto dizia, com a determinação de um velho: "Aqui está! Vocês nunca quiseram acreditar! Quem tem razão agora?" Ele indicava o milagre da Casa de Brandemburgo, que havia salvado o grande Frederico II, em 1762: "O milagre", dizia ele, "se repetirá! A guerra não está perdida! Leiam! Roosevelt morreu!"

Como tantas vezes em sua vida, parecia que, mais uma vez, a Providência provava ter juízo e, literalmente, no último momento, colocava-se a seu lado. Desde sempre, ele havia procurado persuadir seu entorno de que o "concubinato repugnante" das forças inimigas se desfaria em breve e, antes de ser tarde demais, a Inglaterra, bem como os Estados Unidos, ainda acabariam reconhecendo-o como defensor da cultura comum contra os bárbaros do Oriente. Ele assegurava, agora, que a morte de Roosevelt era o esperado sinal para uma guinada das alianças e que o fim da guerra no Ocidente era iminente. Durante algumas horas, o *bunker* era uma euforia só, na qual se combinavam a sensação de alívio e de confiança, com a expectativa da vitória em breve. No decorrer da noite, entretanto, à medida que a farsa do ilusionismo era desmascarada, a angústia reprimida voltava à tona, sobretudo quando chegou a notícia de que o Exército Vermelho havia conquistado Viena. De acordo com as informações de um dos presentes, a essa altura Hitler se encontrava "esgotado em sua poltrona, um misto de libertado e atordoado; a impressão que dava era de desesperança". Na verdade, a morte do presidente não teve nenhuma influência no desenrolar da guerra.

Em janeiro, após a derrota da ofensiva nas Ardenas, Hitler retornara a Berlim e alojara-se, a princípio, na Nova Chancelaria. Não demorou muito e os constantes ataques aéreos expulsaram-no de lá e levaram-no a acomodar-se no abrigo antiaéreo, onde ele, finalmente, se sentia à vontade, segundo alguns observadores. A onipresente fobia, que sempre havia exercido total domínio sobre sua pessoa, já se manifestara em 1933, alguns meses após haver sido proclamado chanceler, quando ordenou uma série de reformas no prédio da Chancelaria do Império e, como uma das medidas imprescindíveis, determinou a construção de um subsolo reforçado tipo *bunker*. Pode-se deduzir o quão obsessivo era esse desejo pela insistência com que repetia: "*Bunker*, e mais uma vez *bunker*", em conversas com o arquiteto Albert Speer. Até mesmo o salão de festas no jardim atrás da Chancelaria, que havia sido projetado pelo arquiteto Leonhard Gall em 1935, foi construído com um abrigo antiaéreo, cujo teto tinha uma espessura de quase 2,5 metros, posteriormente reforçado com mais um metro. Três anos depois, com a construção do novo prédio da Chancelaria do Império, projetado por Albert Speer, mais ambientes protegidos foram acrescentados. No andar térreo, havia mais de noventa células de concreto que acompanhavam a extensão da Vosstrasse. Elas estavam conectadas ao *bunker* sob o salão de festas por um corredor subterrâneo de, aproximadamente, 80 metros.

Após a derrota catastrófica às portas de Moscou, no inverno de 1941, os temores de Hitler se reacenderam fazendo-o crer que nem esse extenso sistema de *bunker* seria suficiente. Apesar de seus exércitos ocuparem, na época, a imensa região entre Stalingrado e Hammerfest, estendendo-

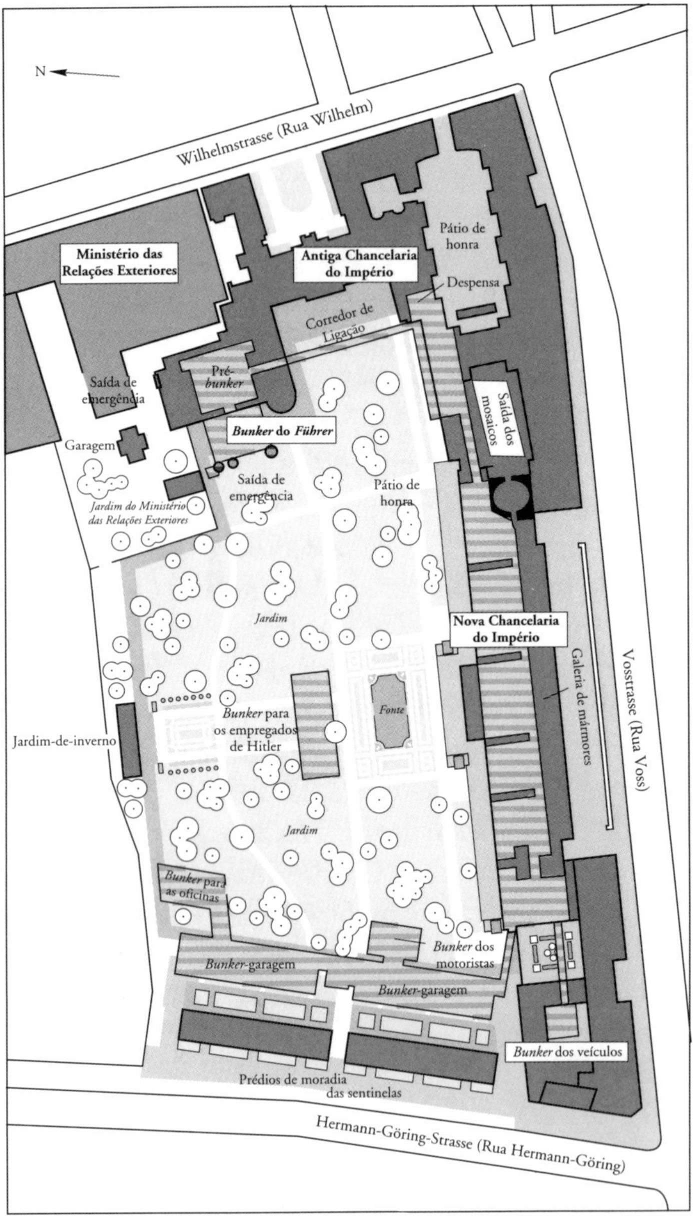

Planta do extenso sistema de *bunkers* sob o terreno da Chancelaria do Império.

se até Trípoli, ele ainda incumbiu o escritório de Speer com um projeto para a construção de mais uma catacumba, alguns metros mais profunda. Ela estaria conectada ao abrigo sob o salão de festas que, desde então, passou a se chamar de "pré-*bunker*" e contava com uma cantina para os funcionários mais próximos a Hitler, alguns salões de entretenimento e dormitórios. Somando-se, ainda, a cozinha e os quartos dos empregados, o subterrâneo contava 16 ambientes. Atrás da Chancelaria, no jardim de árvores altas e caminhos silenciosos, onde, algumas gerações antes, Bettina von Arnim havia escrito para Goethe que morava "aqui, num paraíso", os trabalhadores tomaram conta novamente, derrubando árvores, trazendo material e equipamentos — betoneiras, armações para concretagem, além de pilhas de tábuas — para, então, começarem as obras. No início de 1945, o bloco de concreto do *bunker* do *Führer* estava quase pronto, mas a construção de guaritas e torres de vigia ainda levara algum tempo, de forma que, em abril desse ano, o trabalho ainda não havia chegado a termo.

Nas instalações do porão sob a Nova Chancelaria do Império, encontravam-se as dependências do *entourage* de Hitler, como de seu poderoso secretário, Martin Bormann; e de seu último chefe do Estado-Maior, Hans Krebs, junto com seus assistentes; do general Burgdorf; e do piloto-chefe de Hitler, general Hans Baur; do líder de grupo da SS, Hermann Fegelein, que substituía Himmler no QG do *Führer*; e mais incontáveis oficiais, além das secretárias de Hitler, dos vigias, ordenanças, radiotelegrafistas, cartógrafos; e de outros funcionários. Uma parte dos ambientes estava equipada para servir como hospital militar de emergência; outra, como refúgio para desabrigados em conseqüência de bombardeios, grávidas e, aproximadamente, duzentas crianças, cujo número crescia a cada dia provocando uma superpopulação insuportável.

Descendo uma escada em espiral, chegava-se do assim chamado "pré-*bunker*" ao *bunker* do *Führer*. As medidas, principalmente, do teto de concreto, são desconhecidas. Entretanto, já que a base com suas placas de fundamento de 2 metros de espessura encontrava-se a, aproximadamente, 12 metros do nível do jardim, e levando-se em conta o mezanino de quase 3 metros com as instalações de abastecimento, parece que os 4 metros freqüentemente mencionados, quando se tratava da espessura do teto, conferem. Já no início da década de 1930, Konrad Heiden, primeiro biógrafo de Hitler, soube sintetizar numa expressão inesquecível a essência do "*Führer*" e de seu movimento, uma combinação de *páthos*, arrogância e agressividade, descrevendo-os como "jactância em fuga". Agora, com o recolhimento de Hitler na profundeza do *bunker*, de onde transmitia brados de vitória, parecia que aquela observação, freqüentemente tida como absurda, não era mais que a verdade.

O *bunker* do *Führer* abrangia quase vinte recintos pequenos, sobriamente mobiliados, com exceção da parte do corredor que ficava em frente aos aposentos particulares de Hitler, onde havia alguns quadros, um banco estofado e algumas poltronas velhas. Ao lado, encontrava-se a sala de conferências, na qual eram feitos os informes, e que dá uma idéia do aperto generalizado, pois levava até vinte pessoas a comprimir-se em volta da mesa de cartas, em uma sala de 14 metros quadrados, durante muitas horas, várias vezes por dia.

Os dois ambientes que compunham os aposentos de Hitler também eram decorados com parcimônia. Sobre o sofá, havia uma natureza-morta de origem holandesa e, sobre a escrivaninha, numa moldura oval, um retrato de Frederico, o Grande, pintado por Anton Graff, diante do qual o *Führer* freqüentemente se sentava em meditativa ausência, como se dialogasse com o rei. Ao pé da cama, havia um cofre, no qual Hitler guardava seus papéis pessoais; e, num canto, como já tinha por hábito no quartel-general de Rastenburg, ele mantinha uma garrafa de oxigênio para serenar a aflição permanente de poder vir a sofrer de falta de ar, principalmente no caso de defeito nos motores diesel, que forneciam luz, calefação e ar fresco ao *bunker*.

A iluminação era fornecida por bulbos de lâmpadas instalados diretamente no teto de cada recinto, que lançavam uma luz fria nos rostos e tornavam ainda mais perceptível o mundo fantasmagórico no qual todos se movimentavam. Quando, ocasionalmente, havia falta de água nos dias que antecederam o fim, principalmente o pré-*bunker* exalava um fedor insuportável, que misturava os vapores dos motores diesel — que trabalhavam num zumbido contínuo — com o cheiro penetrante de urina e de transpiração. Em muitos corredores de ligação para o *bunker* inferior, havia poças oleosas, e a água potável tinha que ser racionada. Muitas testemunhas relataram como aquele ambiente apertado, de concreto e artificialmente iluminado pesava sobre os ânimos; e Goebbels confidenciou ao seu diário que procurava evitar aqueles recintos o máximo possível, para não se tornar vítima da "desolação reinante". Não foi, portanto, sem motivo, que se chegou à conclusão de que o cenário subterrâneo contribuiu para as decisões irreais que foram tomadas, nas quais exércitos de fantasmas eram convocados para operações de ataque que jamais aconteceram, e batalhas para fechar o cerco eram deflagradas apenas na imaginação.

Parecia que o próprio Hitler era o mais afetado pelo cotidiano numa caverna a 10 metros de profundidade. Tudo, nele, tornara-se ainda mais patente: sua pele, que já era viscosa havia anos, as feições ultimamente intumescidas, e as bolsas escuras e inchadas sob os olhos. Bastante curvado e com movimentos estranhamente oscilantes, ele andava muito próximo às paredes do *bunker*, como se procurasse apoio. Em função dos efeitos, muitos observadores mais perspicazes tinham a impressão de uma caducidade dramaticamente simulada. Pela primeira vez, ele dava sinais de negligência. Seu uniforme, até então impecável, apresentava manchas de restos de comida; nos cantos dos lábios, havia migalhas de bolo; e sempre que segurava os óculos com a mão esquerda, ao fazer um relato da situação, eles batiam de leve no tampo da mesa. Às vezes, ele os colocava de lado, como se tivesse sido pego em flagrante, já que o tremor dos membros contradizia seu lema, que uma vontade resoluta pode tudo. "Mesmo que minha mão trema", ele haveria garantido a uma delegação de antigos combatentes, "e mesmo se minha cabeça começar a tremer, meu coração jamais tremerá." Um oficial do Estado-Maior descreveu da seguinte forma o aspecto de Hitler durante aquelas semanas:

"Ele sabia que tinha perdido a oportunidade e que não tinha mais como ocultar o fato. Fisicamente, seu aspecto era horrível. Cansada e pesadamente, jogando a parte superior do corpo para a frente e arrastando as pernas atrás de si, ele se movimentava dos seus aposentos para a sala de conferência no *bunker*. Faltava-lhe a sensação de equilíbrio; quando era parado no curto percurso (20 a 30 metros), tinha de se sentar em um dos bancos dispostos nas paredes do corredor com esse propósito, ou se segurar no interlocutor... Os olhos estavam injetados; embora todos os documentos destinados a

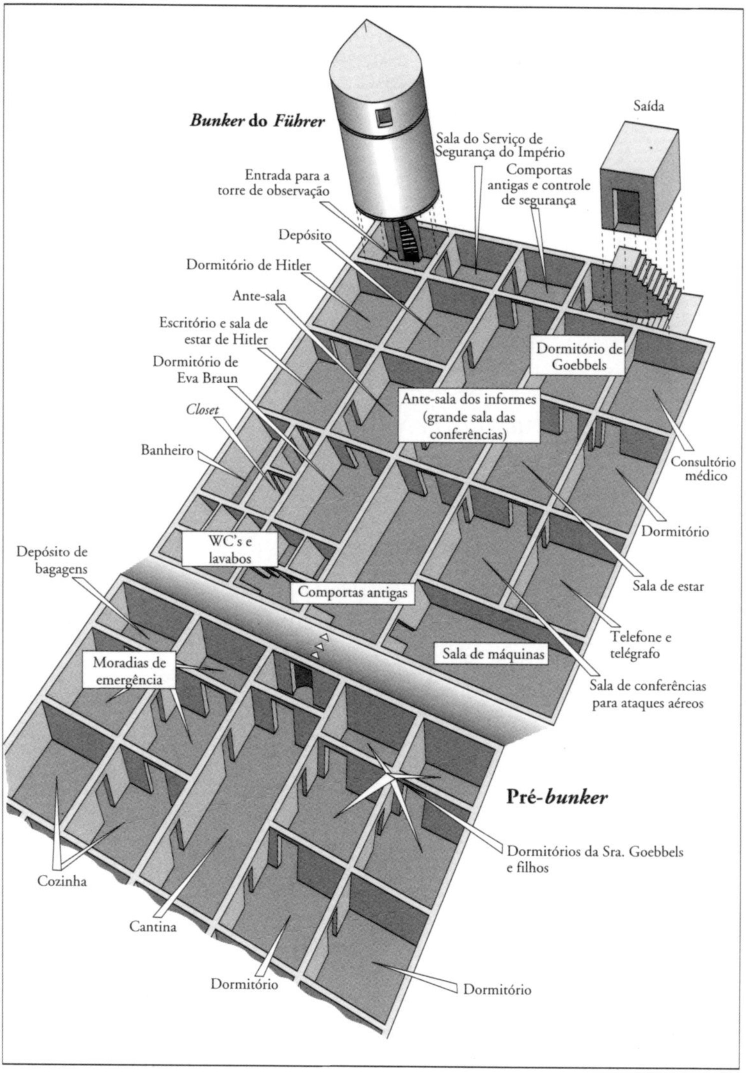

Planta do assim chamado pré-*bunker* e do *bunker* do *Führer*, em nível ligeiramente inferior, no jardim da Chancelaria do Império.

ele fossem escritos em 'máquinas de escrever do *Führer*', cujas letras tinham três vezes o tamanho das normais, ele precisava de lentes grossas para lê-los. No canto dos lábios, via-se com freqüência saliva..."

Algumas pessoas também tinham a impressão de que Hitler decaía mentalmente a cada dia. Quando costumava voltar às seis da manhã dos informes noturnos, jogava-se no sofá para ditar as instruções do dia seguinte para uma de suas secretárias. Assim que ela entrava na sala, ele se levantava com dificuldade, segundo uma delas, "para, novamente, deixar-se cair exausto no sofá; quando, então, o criado suspendia seus pés num descanso. Ele permanecia estendido em completa apatia, com um único pensamento: chocolate e bolo. Seu desejo insaciável por bolo tornou-se absolutamente obsessivo. Se antes comia, no máximo, três pedaços, agora pedia que enchessem o prato até três vezes". Outra secretária reclamou da perceptível monotonia com que, freqüentemente, falava: "Ele, que antes conversava apaixonadamente sobre todos os temas, agora só sabia falar sobre cães e adestramento, nutrição, e a ignorância e maldade do mundo."

Apenas diante de visitas ele era capaz de se libertar da soturnidade de seus sentimentos e conseguia recuperar seu poder sugestivo e domínio sobre a persuasão. Costumava fazer uso de uma lembrança, do nome de um experiente comandante ou de uma insignificância grandiloqüente para encorajar a si próprio e à visita; e construía, em sua fantasia, a partir de palavras-chave fortuitas, forças combatentes imensas que já estavam a caminho dos portões da cidade para dar início à batalha decisiva. Afinal, os russos lutavam com "mercenários", asseverava, e a supremacia de que se vangloriavam não passava "do maior blefe desde Gêngis Khan". Ele sempre retomava a "arma milagrosa", que provocaria a guinada definitiva e envergonharia todos os pusilânimes.

Embora estivesse enfraquecendo a olhos vistos, Hitler não abria mão do comando das operações. Um misto de perseverança e de consciência da missão que tinha sempre o reanimavam; acrescente-se, ainda, uma desconfiança dilacerante que o levava a crer que seus generais pretendiam expô-lo ou, até, entorpecê-lo com a ajuda de seu médico, Dr. Morell, e, assim, tirá-lo de Berlim. Apesar de conseguir controlar-se de um modo geral, às vezes, era tomado de cólera e, uma vez, esbravejara, com os punhos em riste e tremendo por todo o corpo, contra seu chefe do Estado-Maior, Guderian, que chegou a dispensar nos últimos dias de março.

A sua solidão era patente agora. De quando em quando, um morador do *bunker* ficava observando como Hitler se esforçava para subir a estreita escada que levava à saída para o jardim, mas desistia no meio do caminho, extenuado, e dava meia-volta; e como, freqüentemente, ia para o lavatório ao lado do corredor central, onde se encontrava o canil. Demoradamente e com uma expressão estranhamente vazia, ele brincava com sua pastora e os cinco filhotes os quais ela dera à luz no início de abril.

Do lado de fora, além dos muros de concreto de vários metros de espessura, grassavam os caprichos de uma guerra terminal por seu esgotamento e miséria, uma guerra que já temia uma desforra. Nenhuma das frases doutrinadas sem cessar pelo aparato propagandístico justificava essa realidade e o contínuo medo da morte que a acompanhava. É bem verdade que os adereços no cenário montado de crença, honra e fidelidade ainda surtiam efeito sobre uma minoria. A grande massa, no entanto, há tempos já suspeitava do *páthos* daquelas fórmulas. Todo aquele que havia conseguido manter o juízo ou que o havia recuperado com o fim iminente não queria saber mais nada de palavras de perseverança ou citações acerca de bastiões, sobre as quais o império se ergueu, como herói solitário, contra a nova cavalaria apocalíptica formada pelo judaísmo mundial, o bolchevismo e a plutocracia; palavras e citações que relembravam a sorte ou a honra do prestígio perdido e, mais uma vez, comemoravam aquela idealização do desprezo pela vida, que, no passado, exercera tamanha atração sobre a alma alemã. Com as frentes de batalha fragmentadas, o material de defesa insuficiente e o horror diário e sem fim, era impossível não ouvir aquele som surdo, característico de tais chamamentos. "Vingança, nossa virtude! Ódio, nosso dever!" era o clamor para sustentar a defesa. "Corajosos e fiéis, orgulhosos e altivos, transformaremos nossos fortes em valas comuns das hordas soviéticas... Sabemos, como todos, que a hora que antecede a aurora é a mais escura. Pensem nisso, quando o sangue escorrer pelos olhos durante a batalha e a escuridão envolvê-los. O que quer que aconteça, a vitória é nossa. Morte aos bolchevistas! Viva o *Führer*!"

Visto Hitler haver ordenado, logo no início da grande ofensiva russa, que todas as forças disponíveis fossem para a frente oriental e defendessem Berlim já às margens do Oder, a cidade e seu entorno ficaram desprovidos de tropas experientes e suficientemente armadas. O tenente-general Hellmuth Reymann, comandante de batalha dessa cidade, que já adquirira *status* de fortaleza em 1º de fevereiro, repetia, com freqüência, que precisava de, pelo menos, 200 mil soldados experientes. Em vez disso, ele não dispunha nem da metade desse número, arrebanhado de sobras de um Corpo de Blindados, do Regimento da Guarda, de algumas unidades casuais oriundas das diversas armas, bem como, aproximadamente, quarenta batalhões de colunas civis, formados, em sua maioria, de aposentados e uns 4 mil adolescentes da Juventude Hitlerista. Acrescente-se a eles algumas unidades de pioneiros, bem como as tropas destacadas para fazer a defesa antiaérea da cidade. As unidades da SS e da polícia que se encontravam em Berlim, no entanto, não respondiam ao seu comando. Todos os pedidos de reforço de Reymann eram negados por Hitler com a alegação de que havia tropas, tanques e munição suficientes no caso de haver uma batalha por Berlim.

O pior era que, em nenhum momento, existiu um plano de defesa concreto. Algo que teria demandado um trabalho em equipe e investimento em tempo e treinamento, agora, tinha de ser improvisado às pressas, de acordo com a ocasião. Além disso, Reymann via-se, continuamente, enredado em disputas sobre quem tinha a autorização de comando. Às vezes, as ordens chegavam do Alto Comando do Exército, sob o marechal-de-campo Wilhelm Keitel; outras, do chefe de Estado-Maior, general Hans Krebs; e ainda outras, de Heinrici. Além do mais, Hitler interrompia freqüentemente a cadeia de comando com sugestões, cuja inconstância acompanhava a volubilidade de seu humor, de forma que o comandante das Forças de Defesa de Berlim nunca conseguia ter clareza sobre a situação.

O caos na organização ainda era reforçado por Goebbels, que, como chefe do distrito de Berlim, acumulava a função de comissário de defesa do *Reich*. Desde que a "guerra total" por ele advogada fracassara devido à oposição generalizada, ele via, agora, a oportunidade de impor seu intento, tendo recebido, inclusive, a autorização de Hitler para formar batalhões femininos. Em todas as discussões referentes ao

O último esforço: um jovem de 15 anos e um velho que deviam frear o avanço das tropas de elite soviéticas nas ruas de Berlim.

posicionamento e emprego das tropas, Goebbels, acossado pela inveja, insistia em afirmar que era o único responsável pela defesa da cidade. Por conseguinte, ele via Reymann como seu subalterno e exigia sua presença, em seu gabinete, durante as reuniões. Nesse galimatias de atribuições contraditórias, de constante troca de pessoal, de conversas cruzadas no âmbito do comando, bem como de falta de clareza sobre as forças e recursos disponíveis, produzia-se uma confusão que tolhia mais do que beneficiava a defesa da cidade.

Além disso, Goebbels, sem levar em conta as determinações dos militares, criava suas próprias "disposições de defesa" e, por exemplo, convocava um "Grande Conselho de Guerra" às segundas-feiras, no qual reunia vários comandantes, altos líderes da SS e da SA,[2] além do presidente da Câmara Municipal, do presidente da corporação policial da capital do *Reich*, até influentes representantes da indústria. Dia após dia, sua "Tropa de Recrutamento" saía com a missão de esquadrinhar firmas privadas e serviços públicos atrás de civis aptos para o *front*. Os números que ele apresentava, no entanto, não surpreendiam mais, mesmo depois de ter transformado aquele grupinho aflito de civis num regimento impaciente por entrar em ação na luta "pelo *Führer* e pela pátria".

Ao mesmo tempo, por outro lado, havia uma falta crônica de tudo o mais: tanques, artilharia e armas individuais, combustíveis e equipamento militares de todo o tipo. No zoológico, unidades de colunas civis treinavam o ataque inimigo, arrastando-se sobre o solo enquanto, ao lado, escondidos no mato, seus companheiros batiam com pedaços de pau em latas vazias para imitar tiros de metralhadoras. Em outro lugar, rolos de papelão eram moldados para o treinamento com bazucas ou barreiras de rua eram construídas com paralelepípedos, veículos destruídos durante ataques aéreos, estrados de camas e toda sorte de tralha. Cada civil que fazia parte da tropa de combate dispunha, e somente no caso de ter um fuzil, de munição para cinco tiros. Mas isso nem sempre era uma vantagem. Enquanto as armas, geralmente, eram de produção alemã ou tcheca, os cartuchos vi-

[2] Tropa de choque criada em 1920. (N. dos T.)

nham da Itália, França ou outros países que já haviam sido aliados ou inimigos da Alemanha em outras guerras. Somados havia, além de espingardas de caça e demais fins esportivos que a população havia sido obrigada a entregar, mais de 15 tipos de fuzis, bem como incontáveis tipos de munições. Nada combinava com nada. Era a imagem da desorganização que se estampava do lado alemão.

E, de fato, unidades de colunas civis e do exército marchavam por várias das largas ruas de acesso aos subúrbios para defendê-los e encontravam-se com outras unidades do outro lado da rua que tinham a missão de defender o aeroporto de Tempelhof ou o porto Westhafen, próximo ao Centro. O general Reymann havia afirmado que todos que não fossem aptos para o serviço militar podiam abandonar a cidade. Ao mesmo tempo, contudo, Goebbels havia ordenado que um edital fosse afixado à porta de cada casa, segundo o qual, "por ordem do *Führer* [...] todos os homens de 15 a 70 anos" deveriam cumprir o chamamento às fileiras, sem exceção. "Quem se esconde covardemente nos abrigos antiaéreos", finalizava, "acabará numa corte marcial e será punido com a morte."

Apenas os propagandistas continuavam infatigáveis. Goebbels afirmava, com frio cinismo, que, dia após dia, eles davam o melhor de si para motivar os medrosos: uma descrição detalhada do horror que seria uma "Europa Bolchevista", com as pilhas de mortos, mulheres violadas e crianças massacradas. E Bormann completava dizendo que a mesma história podia ser recontada sempre de outra forma, impregnando essas imagens cruéis que despertariam a determinação para a guerra e acabariam, até mesmo, dissolvendo a coalizão inimiga.

Desde o início da segunda quinzena de abril, quando os jornais berlinenses haviam suspendido suas publicações, a tática usada para levantar o moral era, convenientemente, espalhar rumores. As vitórias dos aliados, segundo supostas "fontes fidedignas", não passariam de uma estratégia de guerra do *Führer*, que haveria atraído o inimigo, propositadamente, o máximo possível para o interior do país, de forma a poder eliminá-lo de vez, no último momento, quando não sobraria "homem, cavalo ou carroça". Ou disseminavam-se boatos, segundo os quais, o general Krebs haveria entrado em contato com os russos e lembrado ao ditador soviético o período em que havia sido adido militar em Moscou, quando fora publicamente abraçado e beijado por ele, assim comovendo Stalin, que teria evocado a "Irmandade de Armas" de outrora. Ou ainda, cursava a opinião de um suposto "perito militar", cuja conclusão era que, nesta hora decisiva, todos aqueles anos de resistência aos bombardeios, em impotente desespero, tornavam-se agora favoráveis e afortunados, por haverem preparado Berlim justamente para o seu papel na luta corpo-a-corpo. Como repetidamente comprovado pela história militar de todos os tempos, nas lutas homem a homem nas ruas e construções, o defensor tem, notoriamente, vantagem sobre o agressor. Também se falava de submarinos com "projéteis estratosféricos" que reduziriam Nova York a pó, bem como de granadas de gelo, com sua névoa ácida. A população ouvia o discurso bizarro com um ceticismo crescente e, freqüentemente, mordaz. A propaganda, segundo um ditado popular, seria como a banda do navio que vai a pique: enquanto é puxada para o fundo, ela repete sempre as mesmas melodias animadas já que as demais partituras se encontram na administração.

Os Tribunais de Campo motorizados descreviam de forma mais exata a situação real e o estado de espírito reinante. Nessa época, eles caçavam, ininterruptamente, desertores pelas ruas, em casas, empresas e ruínas. Caso surgisse a mais insignificante suspeita, eles atiravam nos "traidores" ou enforcavam-nos incontinenti. Em 15 de fevereiro de 1945, Hitler determinou a criação de tribunais especiais, com autonomia sobre todos os tipos de delito "que ameaçassem tanto a força de combate quanto a determinação para o combate". Esses tribunais eram formados por um juiz, um representante do partido e um oficial do exército ou da SS armadas. Dez dias depois, Himmler criou um corpo adicional de conselhos de guerra especiais; e, logo depois, em 9 de março, foi criado um "conselho de guerra ambulante", sob o general-tenente Rudolf Hübner, que recebia ordens diretamente de Hitler. Parecia que a esperança que restava era obtida, apenas, mediante ameaças de punição.

Com isso, os informantes dos serviços secretos relataram, em meados de abril, que a confiança da maioria da população em seus líderes se esvaía de forma vertiginosa. Cada vez mais funcionários públicos, constatou Goebbels irritado, desapareciam como por encanto; o partido "havia perdido sua importância". Tanto mais indignados ficavam os que descobriam que, desde meados de março, em muitas áreas da cidade, dezenas de pessoas executadas pendiam de árvores e postes, e, como que para potencializar a intimidação, havia barricadas e barreiras de tanques. Por motivos óbvios, não há dados sobre o número exato. Estimativas cuidadosas arriscam perto de mil vítimas executadas nos três últimos meses da guerra. Alguns comandantes estavam tão indignados com a selvageria que ordenaram suas tropas — a exemplo do general-major Hans Mummert, comandante da Divisão Blindada "Müncheberg" — a enfrentar os juizados especiais, se necessário fosse, de arma em punho.

A derrota era fato consumado e a continuação era uma guerra que transcendia seu fim. Lá longe, brilhava o fogo-fátuo de esperanças despropositadas. Gerda Bormann, esposa de Martin Bormann, escreveu ao seu marido que a situação a lembrava do *Crepúsculo dos Deuses*, na *Eda*:[3] "Os gigantes e os anões, o lobo, Fenris, e a cobra, Mitgard, todas as forças do mal [...] atiravam-se sobre as pontes dos deuses [...]. O castelo dos deuses balança e tudo parece perdido. Mas eis que se eleva novo castelo, mais bonito que jamais dantes, e Baldur vive, novamente." Ela enveredava por uma das rotas de fuga mais familiares, a fuga da realidade para o lugar-comum mítico. Mas essa fuga terminava repentinamente porque não acompanhava os bastidores em ruínas das cidades incendiadas, nem a trajetória dos refugiados pelas ruas, nem o caos crescente por todo lado. Também não passava pela urgência pertinaz e irresistível com a qual os aliados, tanto ocidentais quanto orientais, conquistavam um território cada vez maior do país. A resistência sucumbia visivelmente. Em qualquer "lugar algum", aonde ordens não chegavam, encontravam-se unidades em processo de desmembramento. Entrementes, Hitler comandava apenas alguns postos afastados que, aparentemente, estavam nas mãos de fanáticos, além de uma área em torno da cidade que se reduzia paulatinamente.

Não obstante tudo isso, o que se passava durante aqueles últimos dias da guerra parecia conter uma energia desesperada, que tinha como objetivo patente transformar a derrota em uma catástrofe. Caso não vençamos, havia dito Hitler já no início dos anos 1930, quando fantasiava sobre a guerra por vir, "então, durante o nosso colapso, arrastaremos meio mundo junto no ocaso". Agora, era hora de concretizar sua previsão.

---

[3] Coletânea poética islandesa da Idade Média. (N. dos T.)

Capítulo Dois

Conseqüência ou catástrofe: Hitler na história alemã

A pergunta não quer calar desde então... Será que este fim já não era previsível e que, por trás dos palácios históricos da Wilhemstrasse, cujas fachadas resplandeciam o charme prussiano clássico, já não teria sido possível reconhecer aquele solo inculto com os blocos de concreto para o *bunker* do *Führer*; ou seja, será que Hitler não deveria ser considerado quase como o resultado inevitável da história do país e, portanto, deveria ser visto antes como uma conseqüência alemã do que, de acordo com o historiador Friedrich Meinecke, uma catástrofe?

O entusiasmo e o arroubo daquela exaltação no decorrer da corrida ao poder, embora tivessem sido gerados por uma série de truques cuidadosamente orquestrados e fossem constantemente enlevados, chegam a invalidar, à primeira vista, qualquer tese que queira reconhecer nesse processo um acidente histórico. Havia júbilo em tudo: nas manifestações diurnas e noturnas, iluminadas com tochas, nos desfiles e nas fogueiras no topo das montanhas; em tudo, afinal, que fazia parte da imagem da primavera de 1933, muito embora uma sensação de incerteza fosse perceptível e, durante muito tempo ainda, o povo se perguntasse se o país não estaria mergulhando numa aventura louca ou, pelo menos, um tanto suspeita, com aqueles novos rostos no poder. Mas a fúria esmagadora com que conseguiram infiltrar-se nas posições-chave da política tinha seu próprio, desconcertante, poder de persuasão. A República de Weimar tornou-se, para muitos, não mais que um breve interlúdio, e nenhuma lembrança ou acesso de deferência dificultaria sua partida. Como que aproveitando uma deixa, surgia, após tantos anos de governo malogrado, uma vontade que arriscava um novo início e afogava, de uma vez por todas, as dúvidas de uma maioria crescente. Simultaneamente, a nova ordem, que tomou forma de imediato, não só conquistava partidários e — embora conquista inferior porquanto inanimada — terreno, mas até, segundo seus porta-vozes bradavam ininterruptamente, o futuro para si.

Foram essas circunstâncias concomitantes à conquista do poder que criaram as condições adequadas para dar a impressão de que os alemães estavam, na época, após anos de imposta adaptação à democracia, ao estado de direito e aos valores "ocidentais", readquirindo, até certo ponto, sua essência e, com isso, o deplorável papel que parecem ter desempenhado na Europa desde que se tem conhecimento. As primeiras interpretações, contemporâneas aos próprios fatos, geralmente constroem longas genealogias, que remontam a Armínio, o Querusco, aos imperadores medievais e, a partir daí, via Frederico, o Grande, até Bismarck, para reencontrarem, passo a passo, um hitlerismo latente muito antes da existência de Hitler. A conclusão era que, independentemente de como se olhasse para os fatos, não havia, na história alemã, acontecimentos ou personagens "inocentes". Mesmo naquele idílio burguês de 1815 a 1848, já rondavam os fantasmas da submissão e da estreiteza, e não havia como escapar ao olhar mais perspicaz o desejo que esta nação tinha de ter uma missão no mundo, ou, se necessário fosse, contra o mundo. O romantismo alemão não passou, portanto, de imagens delicadas ocultando a propensão à barbárie e ao ódio do mundo, e a saudade da vida selvagem que, ao que parece, era mais familiar a este povo singular do que a civilização, a constituição e os direitos humanos. A imagem do violinista e líder da SS, Reinhard Heydrich, embevecido pela magia da sonata de Schubert, foi, durante algum tempo, literalmente, o clichê representativo dos alemães.

Essas exposições, geralmente sumárias, do caráter e da história do povo alemão chegaram a termo por si só. Porque, a bem da verdade, elas acabavam, posteriormente, justificando a tese do nacional-socialismo, segundo a qual, Hitler não só seria o herdeiro legítimo da Prússia e do Império de Bismarck, mas também aquele que consumaria a história alemã. O que ficou, por outro lado e, entrementes foi analisado em inúmeras pesquisas, é a pergunta sobre as relações que poderiam ser traçadas entre Hitler e o construto ideológico que possibilitou ou, pelo menos, contribuiu para sua ascensão.

Ao estabelecer as relações, foram seguidas pistas que retrocediam bastante no tempo, até se perderem nas areias da história. Havia o distanciamento da realidade, que permeava o pensamento alemão da época e o elitismo em torno do conceito de cultura, que desprezava a essência da política ou, simplesmente, não a assimilara. Além disso, havia os focos conservadores nas estruturas sociais, os reflexos das autoridades do Estado, bem como a freqüentemente violenta natureza reacionária das poderosas elites governantes, cuja primazia continuou tão incontestada devido a uma burguesia alemã que, em tempo algum, desenvolveu uma consciência de cidadania. Essas e muitas outras características, dizia-se, teriam levado a uma tradição de disciplina social que sempre se mantinha numa posição de espera pré-totalitária, por assim dizer. Acrescentando a isso as deficiências das instituições políticas do país, torna-se compreensível a suscetibilidade, precisamente, dos alemães a um líder carismático. Não há dúvida que a condição para isso sempre foi o fato de que os comandos desses líderes seguiam o padrão característico do pensamento alemão, a saber: por um lado, o ânimo reinante alimentado de necessidades prementes e de diversos complexos de isolamento; e, por outro, a tendência primária de elevar questões corriqueiras a decisões cruciais e de dar conotação mitológica à política em geral.

É indubitável que boa parte destas e outras considerações, na origem de infindáveis conjeturas que alimentam debates sobre o caminho singular enveredado pela Alemanha, possam ser associadas ao surgimento de Hitler. Não se pode perder de vista, entretanto, que toda a história é bem mais ampla do que parece aos olhos julgadores do rastreador de vestígios. Forçosamente, seu conhecimento é determinado, em parte, por perguntas que ele jamais teria feito se não conhecesse o desfecho. Por último, deve-se levar em consideração que contextos semelhantes, guardadas as proporções, poderiam ser encontrados em quase todos os países, pelo menos, do continente europeu. Definitivamente, não é possível deduzir uma relação válida e sem qualquer fundo especulativo entre a situação alemã e Hitler; quando muito, pode-se dizer que as forças de resistência contra sua ascensão foram paralisadas pela evolução peculiar do país. E a pergunta seguinte também permanece sem resposta: por que o nacional-socialismo evidenciou-se de forma tão mais cruel e foi de uma desumanidade tão mais concentrada se comparado à maioria dos movimentos extremistas análogos durante os anos 1920 e 30?

Se for feita uma análise mais rigorosa, dentro dos limites plausíveis que resultaram das investigações, uma das particularidades alemãs, em sentido mais restrito é, sem dúvida, o absolutamente inesperado despertar para a realidade, na derrota do outono de 1918. A nação, que, literalmente, sonhava em voltar aos bons tempos e ser a grande potência de 1870-71 — futuro visto como certo —, repentinamente, confrontou-se com mudanças radicais em todos os sentidos possíveis: uma revolução — interpretada pela vasta maioria apenas como uma insurreição da plebe e infestada pelo cheiro de carniça —, que desconcertou todos os padrões dominantes desde sempre; além do caos nas ruas, da contínua carestia de alimentos, de um desemprego nunca antes visto, e de distúrbios sociais por províncias inteiras. Some-se, ainda, o pomposo discurso de concórdia encenado em Versalhes, que não passava de um acordo de paz ditado pela falácia, sede de vingança e manobras capciosas evidenciando a falta de perspicácia generalizada, patente nas humilhações intencionais — e assim assimiladas — impostas pela tese da culpa de guerra do Artigo 231. Mais do que todos os prejuízos materiais impostos ao país pelas potências vitoriosas, foi a exclusão do círculo de povos dignos que inquietou o espírito alemão, motivo pelo qual, como um observador teria dito, já naquele tempo, formava-se uma "sociedade de amargurados", que apenas aguardava a chegada de um líder que proferisse a palavra-chave. A inflação e o conseqüente empobrecimento de camadas cada vez maiores, bem como a crise econômica mundial desencadeada poucos anos depois, só aumentaram esse nervosismo, sendo que a responsabilidade de cada um desses infortúnios e dos que se seguiram foi imputada na já combalida República de Weimar.

Hitler aproveitou-se dos ânimos e da indignação carregada de uma ira constantemente inflada, que grassavam na transição para os anos 1930, deplorando a crise de norte a sul ao mesmo tempo que a fomentava com todas as forças. Ela era sua garantia de poder. É impossível fazer uma investigação abrangente sobre a pergunta — feita incontáveis vezes e até hoje insatisfatoriamente respondida — sobre os motivos para sua ascensão, enquanto se ignorar o fato de ele haver se alçado numa nação psiquicamente quebrada. Simultaneamente, a repercussão que ele e seu movimento tinham era, mais do que tudo, uma fuga alucinada da desoladora República de Weimar — do "Estado com cara de bobo", como a chamou um dos defensores fanáticos de Hitler —; repudiada pelos vizinhos e, por demais, vítima de escárnio alheio. Foi, no desprezo e no ódio por sua existência, que opostos uniram-se dentro de suas fronteiras.

Esse foi um dos fatos que obscureceu a percepção daquela profunda ruptura moral, hoje reconhecida por inumeráveis observadores inteirados das atrocidades posteriores do regime de 1933. Os contemporâneos não perceberam isso, ou, se perceberam, foi muito pouco. Para melhor compreender os acontecimentos também é necessário conscientizar-se de que, praticamente ninguém, naquela época, tinha a mínima noção da ditadura totalitária que estava surgindo e, até que ponto a desapropriação, arbitrariedade e brutalidade poderiam ser praticadas em um país que contava entre as nações culturalmente à frente. Nem a fantasia da oposição do novo regime chegava tão longe. A grande maioria, de qualquer forma, imaginava um regime autoritário como o de Mussolini, na Itália, onde, como todos sabiam, os trens andavam no horário. Após os distúrbios da República de Weimar, praticamente todos os alemães desejavam reaver suas muitas "pontualidades", que fizeram tanta falta durante quase 14 insuportáveis e longos anos.

O próprio Hitler conta como um dos elementos essenciais, dificilmente supervalorizado, da singularidade alemã. As trabalhosas deduções construídas a partir da história e da sociedade, tanto as mais abrangentes quanto as cuidadosamente discriminadas, invariavelmente remontam à sua pessoa e não podem negligenciar sua biografia individual, que originou os impulsos decisivos para os acontecimentos. Pelo menos, em nenhum outro país que tenha vivido semelhantes turbulências no intervalo entre as duas guerras, houve uma figura de liderança com veemência retórica comparável à de Hitler; um homem, cuja capacidade organizatória e genialidade tática sequer se aproximassem da dele; alguém de semelhante radicalismo.

Só então, pode-se afirmar que Hitler, além disso, teria se valido, politicamente, de alguns legados mais ou menos recentes. A idéia, por exemplo, de que o leste do continente seria o espaço vital predestinado para ser colonizado pelo império e, de fato, o debate sobre o objetivo da guerra, durante o primeiro conflito mundial, já exigira a "limpeza étnica" de vastas regiões para repovoamento. Da mesma forma, a idéia de Hitler de uma aliança ideal, que previa a mais estreita ligação com o império britânico para, junto com os "primos" germânicos do outro lado do Canal, apresentarem-se como potências líderes mundiais, já estava vagamente prevista ou, pelo menos, esboçada. E assim, tantas outras idéias também.

A prioridade dos políticos alemães era, sem dúvida, pôr um fim aos ditames do Tratado de Versalhes. Ao mesmo tempo, esse propósito forneceu a Hitler a brecha necessária para conseguir o apoio das lideranças, que ainda se condoíam pelo fracasso do ambicioso sonho de se tornar uma potência. Um memorando da Guarda Imperial para o Ministério das Relações Exteriores, datado do ano de 1926, traçava algo como um fio condutor em médio prazo da política externa alemã: primeiro a libertação da Renânia e Saarland, depois a eliminação do Corredor Polonês entre o Império e a Prússia Oriental, a reconquista da Alta Silésia polonesa, a anexação da Áustria, bem como, finalmente, a ocupação da zona desmilitarizada. A não ser pela ordem, esse era o programa de política externa de Hitler durante a década de 1930. No líder do NSDAP,[1] os grupos reconheciam o homem que parecia poder realizar suas intenções revisionistas, a despeito dos altos riscos que costumava assumir e do temperamento briguento. Como nenhum outro, ele soube, acima de tudo, usar o Tratado de Versalhes e o ressentimento generalizado como meios de integralização para mobilizar a nação.

Os patrocinadores e cúmplices de Hitler não pensavam e, provavelmente, jamais suspeitaram que ele tivesse tamanha determinação para compreender, literalmente, suas visões — um misto de fantasia e frieza de cálculo. Sua loquacidade sobre a guerra, a reorganização do mundo, o vastíssimo império até os Urais e mais além não estava em conformidade, como imaginaram, com inspirações momentâneas de um temperamento corriqueiro. Enquanto eles visavam superar a humilhação imposta pelas potências vitoriosas e reconquistar as fronteiras de outrora, mesmo ao custo de certas concessões, Hitler não objetivava nem antigas nem novas fronteiras com sua política. O que ele queria eram novos espaços, milhões de quilômetros quadrados conquistados e, como havia comentado na época, superfícies despovoadas "por obra do diabo". Por trás, havia uma sede insaciável de espaço, que considerava cada conquista uma preparação para a próxima investida.

---

[1] Partido Nacional-Socialista Trabalhista Alemão. (N. dos T.)

Diversas vezes, defendeu-se a tese de que nem essas intenções interromperam sua continuidade. Porque, no fundo, elas já teriam sido elaboradas pela Associação dos Alldeutschen[2] ou nos Conceitos Orientais de Ludendorff de 1918. O que efetivamente invalidou essa relação foi o fermento ideológico com o qual Hitler as abastecia: o coquetel selvagem de abstrações sobre o mal que acometia o mundo, a intoxicação racial, o extermínio e a renovação do sangue para a "salvação da Terra". Com isso, irrompia algo que transcendia toda a, por assim dizer, ingenuidade da cobiça e dos princípios imperialistas: a utopia racial, que prometia dar início a uma nova era mundial. Ela seria representada e conquistada por algumas centenas de milhões de pessoas geneticamente mais conscientes e unidas, que seguiriam sua missão histórica impassíveis, conquistariam espaços, eliminariam todos aqueles que fossem "de raça inferior" ou manteriam-nos em diversas categorias de dependência, ou seja, o "Novo Homem", que continuamente nivelava, demolia, remanejava e, em hotéis de massa KdF[3] nas ilhas do Canal, nos fiordes noruegueses ou na Criméia, procurava, em animado folclore comunitário, relaxar da incumbência histórica. Era o rompimento com tudo que o mundo jamais havia produzido. Quando se atribui a essa revolução uma origem fictícia é possível sucumbir à propaganda do regime, até mesmo *a posteriori*. Mas a origem desse monstruoso prospecto estava, tão-somente, em si mesmo. Ninguém jamais havia pensado a esse ponto e de forma tão absurda, portanto, não é possível

---

[2] Organização de extrema direita. (N. dos T.)

[3] "*Kraft durch Freude*" — "Força através do Prazer": programa estatal que oferecia lazer ao povo que, por sua vez, retribuía com sua produtividade, força propulsora para o desenvolvimento do país. (N. dos T.)

traçar nenhuma relação que remonte a algum lugar, certamente não a Bismarck, Frederico, o Grande ou mesmo aos imperadores medievais.

A total falta de conscientização de sua responsabilidade para com os outros, de sensato desinteresse em sua ética profissional e de moral histórica diferenciava Hitler de qualquer um de seus imagináveis antecessores. Com um egocentrismo único em toda a história, ele equiparou a existência do país com a sua própria, como Albert Speer o repreendera em uma carta de 28 de março de 1945. Mais do que nos eventos audaciosos do início, a partir da ocupação da Renânia em 1936, quando temeu por seu destino durante 24 horas, até a ocupação de Praga, na primavera de 1939, ele demonstrou, afinal, que não passava de um jogador dentro da política, que havia apostado tudo — e perdido. Atrás disso, abria-se um vazio.

Um dos generais radicais do partido, o ajudante-de-ordens de Hitler, Wilhelm Burgdorf, que se deu conta de seu próprio "idealismo infinito" em nome do "*Führer* e do povo", desentendeu-se, num dos últimos dias no *bunker*, com o secretário de Hitler, Martin Bormann. Durante a enérgica altercação, Burgdorf gritou para o todo-poderoso da antesala do *Führer* que este teria atraído para si o desprezo de todos os colegas oficiais pela sua incondicional dedicação à causa comum e, portanto, teria de assumir a acusação de "traição". "Hoje", ele deveria se conscientizar que seus inimigos tinham razão, que seu idealismo tinha sido "errado" e ele próprio, "ingênuo e incompetente". Quando o general Krebs, leal ao *Führer*, quis interceder, Burgdorf revidou: "Deixe-me, Hans, isso tem de ser dito algum dia!" Aqueles jovens oficiais, acrescentou Burgdorf, tinham sido "enviados à morte às centenas de milhares", e "para quê?", perguntava-se. A resposta seria: nem pela pátria nem pelo futuro. Somente agora percebia: "Eles morreram por vocês... milhões de pessoas inocentes sacrificadas, enquanto vocês, os líderes do partido, enriqueciam-se com as fortunas do povo. Banquetear-se, foi o que fizeram, acumular enormes riquezas, apossar-se de morgadios, construir castelos, regalar-se em abundância, enganar e subjugar o povo. Vocês arrastaram pela lama nossos ideais, nossa moral, nossa crença, nossa alma. O ser humano era, para vocês, apenas um instrumento para sua insaciável cobiça. Vocês destruíram nossa cultura centenária, o povo alemão. Essa culpa medonha cabe a vocês."

Após essas palavras, continua o relatório, o *bunker* teria ficado completamente silencioso. E então, Bormann teria se feito ouvir, frio, ponderado e cínico: "Mas, meu caro, não se torne tão pessoal! Visto todos os outros também terem se enriquecido, não me cabe culpa alguma... Saúde, meu caro!"

Antes de Wilhelm Burgdorf pôr termo à própria vida alguns dias depois, Hitler chegou, de certa forma, a dar-lhe razão. Após um dos últimos informes, em 27 de abril de 1945, ele fez menção a uma afirmação de Richelieu sobre tudo que se sacrificava com a morte, os grandes propósitos e as "memórias mais caras". Mas eis que, novamente, surgia o jogador, como ele sempre havia se apresentado, o aventureiro fracassado e, não menos importante, o homem de lugar algum, que, enquanto deixava atrás de si um rastro imenso de destroços de toda sorte, estava a caminho da desaparição no nada. "Qual o significado de tudo isso!", disse ele, com um gesto de desprezo, aos oficiais reunidos. "Algum dia, a gente tem de deixar tudo para trás mesmo!"

Capítulo Três

"Perdemos a guerra!"

O dia 20 de abril, qüinquagésimo sexto aniversário de Hitler, foi o último dia em que a liderança do regime se reuniu: Goebbels, Himmler, Bormann, Speer, Ley, Ribbentrop e alguns chefes de distritos, bem como a cúpula do exército. Göring vinha de sua residência de caça em Karinhall, após haver enviado, de madrugada, 24 caminhões carregados de antiguidades, quadros e móveis acumulados durante todos aqueles anos, para o sul da Alemanha. Assim que o comboio saiu, ele se dirigiu à rua, perto do portão de entrada e, sem emoção perceptível, com uma serenidade quase profissional, empurrou um pistão para dentro de uma caixa de metal que já se encontrava pronta. Com um estrondo ensurdecedor, Karinhall foi pelos ares e, sem olhar para trás, Göring disse ao oficial que o acompanhava: "Algo assim a gente tem de fazer às vezes, quando se é o príncipe herdeiro." E foi direto para a festa de aniversário. Alguns dias antes, inesperadamente, Eva Braun havia aparecido no *bunker* e alojara-se nos cômodos posteriores da ala de aposentos do *Führer*.

A cerimônia de cumprimentos foi transferida para os salões maiores e mais festivos da Nova Chancelaria, independentemente de seu estado deplorável devido aos estragos causados pelas bombas, às paredes desprovidas de quadros e aos móveis retirados. Mas o encontro de tantos dignitários uniformizados trouxe à memória, pelo menos mais uma vez, as emoções despertadas pelo brilho e pela gala, durante tanto tempo ausentes, apesar de aquelas sirenes chorosas continuamente reforçarem o ambiente melancólico. Após um curto discurso, Hitler foi de grupo a grupo; recebia, sério, os cumprimentos, chegando a quase recusá-los por vezes; ora suplicava, ora incentivava. Apesar de haver dado, inicialmente, a impressão de estar extremamente exausto e, segundo um dos presentes, se esforçar mais do que nunca em esconder o tremor do braço esquerdo, parecia que a esperança que ele impunha aos que ali estavam o reavivava, como se tivesse sido, temporariamente, "galvanizado". Do lado de fora, na Wilhelmstrasse, os guarda-costas do *Führer* marchavam perante o vice-general da SS, Wilhelm Mohnke, como em parada.

No decorrer da manhã, o código "Clausewitz", que sinalizava alarme, entrara em vigor e levara à decretação de estado de emergência. Simultaneamente, ficou-se sabendo que Hitler estava disposto a levar a cabo a providente decisão tomada havia dias, segundo a qual, no caso de haver uma cisão dos territórios ainda em mãos alemãs em função do avanço das tropas inimigas, eles seriam divididos numa "Região Norte", sob o comando do almirante supremo Karl Dönitz, e numa "Região Sul", sob o general-marechal-de-campo Albert Kesselring. Esse passo desesperado dava aos convidados, mais uma vez, a oportunidade de exaltar a "genialidade militar" do *Führer*, que sempre repetia a proeza de conseguir passar de uma posição defensiva para a bem mais vantajosa posição ofensiva. A título de esclarecimento, Goebbels comparou as duas regiões de comando com os dois braços de um "alicate estratégico", que ainda surpreenderia os ingênuos aliados com uma "segunda Waterloo".

Intimamente, porém, por trás de toda aquela conversa absurda sobre "genialidades" técnico-militares, ou sobre uma vitória iminente apesar das aparências, a maioria dos convidados aguardava o fim da cerimônia com crescente nervosismo. Todos sabiam que o Exército Vermelho estava prestes a fechar o cerco em volta da cidade. Tanto para o norte quanto para o sul, havia apenas um corredor, cada vez mais estreito, para a fuga; e Göring já havia mandado um ordenança se informar por quanto tempo, no pior dos casos, a passagem ainda estaria aberta.

Como se percebesse a desprezível impaciência da maioria dos presentes e quisesse mantê-los ali, Hitler prolongava a recepção de minuto a minuto. Durante o subseqüente informe, realizado no corredor de conferências, ele ordenou que as unidades soviéticas que haviam avançado até o círculo de defesa externo, ao norte e a oeste, fossem repelidas brutalmente, numa batalha violenta combatida com todas as forças. Em contrapartida, ele recrutava tropas que marchavam apenas no mundo delirante de sua imaginação e se perdia, como sempre, quando começava a falar sobre detalhes táticos, seja sobre o posicionamento de um canhão ou sobre o local mais favorável para a ação das metralhadoras. Em silêncio e impassíveis, os oficiais acompanhavam a explanação. Göring, que havia se espalhado, corpulento, no lugar em frente a Hitler, era o único que mal continha sua impaciência e parecia contar os minutos esvaídos naquela insensatez.

Na noite anterior, Hitler havia levantado a questão se não seria mais oportuno abandonar a capital, praticamente despojada de tropas e sem defesa. Ao mesmo tempo, ele havia aventado a intenção de assumir a liderança na "Região Sul" e, a partir de Obersalzberg — em vista da importância da montanha Untersberg nas sagas germânicas —, continuar a luta. Provavelmente, em alusão à sua própria vida após a morte, ele ainda mencionara a lenda do imperador Barba-Roxa, que estaria dormindo seu sono centenário no interior da montanha. Mas Goebbels o atormentara, fanaticamente, para que permanecesse em Berlim e, se a morte fosse sua sina, ele deveria procurá-la nos escombros da cidade: devia isso à lealdade para com sua missão na história mundial, aos juramentos de outrora e ao seu posto histórico. O *Führer*, explicara ele, como já havia feito em outras ocasiões, não poderia terminar seus dias na "casa de campo"; e, ao que parece, foi justamente esse argumento que causara impacto em Hitler, que sempre se via em grandes palcos. Somente em Berlim, alegara Goebbels, seria possível obter, mundialmente, uma "vitória moral".

Agora, Hitler assegurava que, durante a noite, havia se convencido e ficaria na capital. Após um curto e desconcertado silêncio, quase todos os participantes aconselharam-no, com veemência, a deixar Berlim; a última saída poderia estar fechada em questão de horas. Mas Hitler permaneceu inacessível. "Como posso", teimou ele, "motivar as tropas a dar início à luta decisiva por Berlim se, ao mesmo tempo, eu procuro ficar em segurança." Dando, finalmente, um basta ao vaivém, Hitler disse que deixaria seu futuro nas mãos do "destino", embora não impedisse ninguém de partir. Para reforçar sua decisão e sem discutir previamente com Heinrici e Busse, que estavam no comando, ele ordenou ao 56º Corpo Blindado, sob o general Weidling — que travava penosas lutas defensivas desde a batalha pelas colinas de Seelow —, que recuasse para Berlim.

Göring se despediu imediatamente após Hitler haver terminado a conferência. Pálido e suado, ele mencionava "tarefas urgentes no sul da Alemanha". Hitler, no entanto, manteve-se em silêncio fitando para além do substituto, como se houvesse descoberto a matemática indigna que este praticava há tempos. Em seguida, o *Führer*, acompanhado de Goebbels, Himmler, Speer e Bormann, foi ao jardim atrás da Chancelaria.

Perto da saída, em frente ao terreno cheio de crateras, árvores caídas e restos de troncos, havia um grupo em formação que, tardiamente, ainda queria felicitar o *Führer*: uma delegação da divisão "Frundsberg", da SS, e do exército de Kurland,[1] ambos exaustos; bem como alguns rapazes da Juventude Hitlerista pertencentes a uma "Unidade de Destruição de Blindados". Curvado e como que encolhido sob seu capote, Hitler foi de fileira em fileira, dando a mão a cada soldado. Depois, foi na direção dos garotos, afagou um ou outro e condecorou-os. Empregando todas as suas forças, acabou dizendo algumas frases e declarou que a batalha por Berlim teria de ser ganha sob qualquer condição. No final, gritou com a voz cansada: "Vivam vocês!" Mas ninguém respondeu. "Lá longe, apenas", observou Artur Axmann, líder dos jovens, em seu relatório, "ouvia-se o estrondo do *front*, a menos de 30 quilômetros de distância."

Quando Hitler retornou ao *bunker*, começou o grande êxodo. Em longas filas, acotovelavam-se ministros e chefes de partido, diziam algumas palavras tímidas de despedida ou vinham com frases feitas, e desapareciam, seguidos de intermináveis colunas de caminhões. Hitler teria "apenas cumprimentado com a cabeça, completamente decepcionado, até mesmo abalado", relatou um de seus assistentes, e "em silêncio" deixou partir aqueles homens "que, um dia, havia tornado poderosos".

---

[1] Hoje, região da Letônia. (N. dos T.)

Enquanto alguns fugiam, outros marchavam em direção ao *front*, acompanhados dos "calorosos votos de boa sorte" da população, segundo se dizia. À noite, aproximadamente às dez horas, Hitler comunicou a seus funcionários mais próximos que pensava em reduzir sua equipe de apoio, e despachou duas de suas secretárias, vários assistentes, os estenógrafos, bem como seu médico particular, Dr. Morell, para o sul do país. Talvez ele fosse em seguida, acrescentou quando se despediram. E disse a Morell: "Não há mais nenhuma droga que possa me ajudar." Depois, ele se retirou para seus aposentos mais cedo do que de costume. Alguns dos que ficaram seguiram, junto com Eva Braun e Bormann, para os aposentos quase vazios do *Führer* no prédio da Nova Chancelaria, e continuaram a festa lá. Mandaram vir bebidas, tentaram esquecer o mundo fantasmagórico do *bunker* e dançaram, vez por outra, acompanhando a melodia do único disco que encontraram e que falava de "rosas vermelho-sangue" e da sorte que estava por vir. Até que as explosões das granadas fizeram-nos retornar ao *bunker*.

Assim que se soube que os líderes do regime haviam recebido autorização para partir, requerentes vindos de todos os lugares assediaram a casa do comandante responsável pela emissão de passes, perto do castelo de Berlim. Mais de 2 mil documentos de viagem foram emitidos em poucas horas, apesar de Goebbels haver ordenado que homem algum capaz de carregar uma arma poderia deixar a cidade. Já pela manhã, o secretário de Estado, Otto Meissner, chefe da Chancelaria da Presidência, havia telefonado com a justificativa que, no interesse da liberdade de ação de sua função, ele viajaria para Mecklenburg; ao que Goebbels teria respondido que lamentava não poder realizar seu sonho de 12 longos anos e, finalmente, cuspir-lhe na cara. Em seu discurso transmitido pelo rádio na noite anterior, homenageando Hitler por seu aniversário, ele havia assegurado o seguinte:

"A Alemanha ainda é o país da lealdade. No perigo, ela comemorará seu mais belo triunfo. Jamais a história poderá afirmar, referindo-se a este período, que um povo abandonou seu *Führer* ou que um *Führer* abandonou seu povo. Isso, sim, é a vitória!" [...] "Deus arrastará Lúcifer, como as demais vezes que esteve ante os Portões do Poder sobre todos os povos, para o abismo de onde veio." "Não será o submundo que dominará esta parte do globo", continuou ele, "e sim, ordem, paz e progresso." Ninguém mais que o *Führer* seria "o cerne da resistência contra a desintegração do mundo". E, com a veemência inflamada que tão bem comandava, ele exigiria, dois dias depois, no seu último edital para o semanário *Das Reich*, a "resistência a qualquer preço", mesmo, como estava escrito, "de meninos e meninas, que atirem granadas de mão e minas" contra o avanço asiático, "de janelas, das aberturas dos subsolos, sem dar atenção, enquanto lutam, ao perigo ao qual estão expostos".

Na manhã seguinte, Hitler foi acordado pouco antes de nove e meia, duas horas mais cedo do que de costume. A artilharia russa, informaram-no, estaria atingindo o Centro da cidade, e, pouco depois, verificou-se que séries de granadas haviam explodido na Porta de Brandemburgo, no Parlamento e até na estação da Friedrichstrasse. Quando Hitler apareceu na sala, pouco depois, com a barba por fazer e visivelmente transtornado, perguntou logo: "O que está acontecendo? De onde vem esse tiroteio?" Ele empalideceu assim que ouviu a explicação de Burgdorf, que o Centro havia sido atingido, aparentemente, de uma posição a nordeste de Zossen. Hitler perguntou: "Os russos já estão tão perto?", e entrou em contato com o general Koller, comandante-em-chefe da Luftwaffe.[2] Nas anotações de Koller, lê-se:

> Hitler me telefona cedo pela manhã. "O senhor sabia que Berlim está sob fogo de artilharia? O Centro da cidade." — "Não!" — "Não está ouvindo?" — "Não! Estou em Wildpark-Werder." Hitler: "O fogo de artilharia de longo alcance está causando grande agitação na cidade. Parece ser uma bateria ferroviária de grosso calibre. Os russos têm uma ponte ferroviária sobre o Oder. A Luftwaffe deve eliminar a bateria imediatamente." Eu: "O inimigo não tem nenhuma ponte ferroviária sobre o Oder. Talvez tenha conseguido uma bateria pesada alemã e a tenha virado contra nós. Mas é mais provável que se trate de canhões médios da infantaria russa, com a qual o inimigo já deve estar alcançando o Centro da cidade." Discussão prolongada... Será que é uma ponte ferroviária sobre o Oder ou não? Será que a artilharia da infantaria russa alcança até o Centro de Berlim? [...] Hitler insiste que tenho de descobrir imediatamente que bateria é e combatê-la. Em dez minutos, ele quer saber exatamente a localização da bateria [...].

As anotações de Koller continuam: "Telefono para o posto de combate da Divisão da Artilharia Antiaérea sobre o *bunker* do Jardim Zoológico. À minha pergunta respondem que se trata de um calibre de apenas 10 a 12 centímetros. A artilharia antiaérea havia visto como a bateria russa que está

---

[2] Força aérea alemã. (N. dos T.)

atirando agora havia tomado posição perto de Marzahn pela manhã; a sua distância até o Centro da cidade é de aproximadamente 12 quilômetros. [...] Hitler recebe com incredulidade o relatório sobre os fatos quando os retransmiti a distância."

Não é sem razão que as anotações de Koller sobre o diálogo que mantiveram podem ser consideradas características para demonstrar a animosidade de Hitler em seu relacionamento com os generais e com a realidade em geral, e para testemunhar seus humores ilusórios com os quais, sem conhecimento dos detalhes, fala de artilharia de longo alcance e improvisa sobre baterias ferroviárias e pontes sobre o Oder. Suas afirmações revelam muito mais do que a precariedade das informações que o alcançavam ou do que a prática de torcê-las a bel-prazer; elas revelam a confusão que reinava na liderança dentro do quartel-general. Os apontamentos de Koller, de 21 de abril, continuam da seguinte forma:

> Pouco tempo depois, falei com o próprio Hitler ao telefone. Ele quer saber os dados exatos sobre as operações aéreas ao sul de Berlim, neste momento. Respondi que tal pergunta não poderia ser respondida de imediato, visto a comunicação com as tropas não funcionar mais satisfatoriamente. Precisávamos contentar-nos com as informações que entravam, automaticamente, pela manhã e pela noite. Ele se irritou profundamente com isso.

Pouco tempo depois, Hitler teria falado novamente ao telefone, conforme relatado repetidamente. Uma vez, quis saber algo sobre os jatos estacionados perto de Praga; outra, sobre o "exército particular" supostamente mantido por Göring. Depois, referiu-se a uma carta do industrial Hermann

Röchling e, de repente, constata Koller, começou a gritar: "Toda a chefia da Luftwaffe deveria ser enforcada de imediato." E assim por diante, sem parar: perguntas, ordens, contraordens, intercalando curtos discursos sobre a situação...

"Só mesmo o diabo para entender", desabafou o confuso general num suspiro.

Koller tentou entrar em contato com o general Krebs para conseguir formar uma idéia da situação. Quando, finalmente, conseguiu encontrá-lo, às dez e meia da noite, após inúmeras tentativas infrutíferas, e pediu-lhe esclarecimento, principalmente, sobre um ataque do general Steiner, da SS, mencionado pelo *Führer*, do qual ele, no entanto, não tinha conhecimento, foi surpreendido pela voz de Hitler. "De repente", observa Koller, "ouço sua voz irritada ao telefone: 'O senhor ainda tem dúvidas sobre a minha ordem? Creio ter-me expressado o mais claramente possível. Todas as forças da Luftwaffe que se encontram no espaço norte e podem ser arregimentadas para entrar em ação em terra devem ser transportadas imediatamente para Steiner. Todo aquele que retiver forças, só terá mais cinco horas de vida. O seu pescoço é a minha garantia.'"

Um pouco mais tarde, Hitler fica indignado porque nenhum dos estenógrafos liberados por ele mesmo, havia apenas algumas horas, aparece para o informe durante o qual um dos oficiais expõe a situação, e, como sempre quando é confrontado com semelhante golpe de desencanto, ele resume em uma palavra o que se passa: "Traição!". Quando, ainda mais tarde naquela noite, Walter Hewel, conselheiro permanente do ministro das Relações Exteriores perante o *Führer* e pessoa extremamente estimada por ele, solicita instruções finais e lembra que aquela seria, claramente, a última possibilidade para uma iniciativa política, Hitler levanta-se e, "em voz baixa e completamente alterada, enquanto, devagar e exausto, arrasta os pés sala afora diz: 'Política? Eu não faço mais política. Ela me dá aversão. Quando eu morrer, vocês ainda terão muita política para fazer'".

Ele estava com os nervos à flor da pele e, distintamente amiúde, rompia-se o dique de intransigência e de falsa esperança na vitória. Durante a última conferência de imprensa, que Goebbels manteve em sua residência, atrás de janelas cobertas de papelão e à luz de velas, ele pôs toda a culpa pelo fracasso do grande projeto no corpo de oficiais e na "reação", da qual eles, necessariamente, deveriam ter compartilhado.

De quando em quando, ele se demorava falando sobre o armamento já negligenciado em tempos de paz e as decisões inadequadas tomadas durante as campanhas na França e contra a União Soviética, sobre o fracasso durante a invasão aliada até o 20 de julho, e sempre culpando a velha casta de traição.

Quando um de seus funcionários, o chefe de administração do Ministério, Hans Fritzsche, acrescentou que não se podia deixar de lado a lealdade, crença e espírito de sacrifício do povo, o ministro, que até então sempre formulara meticulosamente suas afirmações, declarou que até o povo havia fracassado. "O que posso fazer com um povo", indignava-se ele, "cujos homens não lutam, nem quando suas mulheres são violentadas?" No leste, gritou ele, "com o rosto vermelho de ira", o povo fugia; no oeste, recebia o inimigo com a bandeira branca. Ele não podia se solidarizar com um povo que havia escolhido esse destino. No plebiscito sobre a saída da Alemanha da Liga das Nações, em 1933, o povo votou livremente contra uma política de opressão e a favor de uma política de risco. Pois bem! O risco acabou em malogro. E, levantandose, acrescentou: "É, isso pode ser uma surpresa para muitos. [...] Não sucumbam às ilusões! Jamais obriguei ninguém a ser meu colega, da mesma forma que nada impusemos ao povo alemão. Chegaram, mesmo, a nos incumbir. [...] E, agora, terão os pescocinhos cortados!" Já de saída, perto da porta, virou-se uma vez mais e gritou para os que estavam na sala: "Mas, quando desaparecermos, o universo estremecerá!"

Nesse meio-tempo, chegou ao *bunker* a notícia de que, além do marechal Zhukov, na parte central, e do marechal Konjev, ao sul, também a 2ª Frente Bielo-Russa, sob o comando do marechal Konstantin K. Rokossovski, teria cruzado as linhas alemãs perto de Stettin e estaria marchando em direção a Berlim. Após receber a notícia, de forma significativa, Hitler decidiu não recuar todas as forças disponíveis para defender o anel em torno da capital. Ao contrário, aproveitou esse avanço inimigo como uma oportunidade para uma violenta contra-ofensiva. Para tal, ele tirou, da carta estratégica, uma bandeirinha que levava o nome de "Grupo Steiner", espetada na região de Eberswalde. Junto com o 9º Exército do general Busse, uma nova unidade, sob o general da SS Felix Steiner, deveria formar-se, imediatamente, para romper o flanco de ataque soviético no sudeste e reconstruir a frente, dispersa e interrompida, da entrada da capital até Cottbus. "Um desvio em direção oeste", ameaçou Hitler, "está terminantemente proibido a todos. Os oficiais que não se submeterem a esta ordem serão presos e, imediatamente, executados. Cabe ao senhor", dirigindo-se a Steiner, "fazer com que esta ordem seja cumprida, ou pagará com a vida."

A dificuldade era que o exército de Busse estava reduzido a grupos espalhados que lutavam desesperadamente contra o cerco iminente, enquanto o "Grupo Steiner" nem existia. Havia, sim, uma série de ordens expressas para a formação da unidade; elas eram, entretanto, parcialmente contraditórias e parcialmente impraticáveis diante da confusão reinante na área do *front*. Além disso, haviam deixado de informar o comandante supremo responsável, general Heinrici, que entrou em contato com Krebs assim que soube.

Segundo Heinrici, a "Operação Steiner" era absolutamente inútil e ameaçava suas unidades; ele exigia que, pelo menos, o 9º Exército, ameaçado de encurralamento, fosse autorizado a recuar e, caso sua exigência não pudesse ser atendida, ele renunciaria. Preferia combater como um civil a cumprir uma ordem que significaria o sacrifício inútil de vidas humanas. Mas Krebs permaneceu irredutível, e mesmo a observação sobre a responsabilidade que ambos compartilhavam pelas tropas não o demoveu. "Essa responsabilidade", disse Krebs, "é do *Führer*."

Já no dia seguinte, ficou claro que Heinrici tinha uma visão bem mais exata da situação, quando ele compareceu, junto com o chefe da Central de Operações do Exército, general Alfred Jodl, no posto de comando de Steiner. Antes mesmo de dar início à explanação sobre o que precisava ser feito, o general da SS perguntou aos seus visitantes: "Será que um de vocês já viu minhas unidades?" No fim da conferência, Heinrici citou a ordem de ataque de Hitler e dirigiu a frase final diretamente a Steiner: "Do sucesso de sua missão depende o destino da capital do império!" Quando Heinrici, claramente aludindo à alta patente do oficial da SS à sua frente, acrescentou: "O senhor deve atacar, Steiner — por amor ao seu *Führer*!", este fitou-o, desconcertado, durante um momento e bradou: "Afinal, ele também é o seu *Führer*!"

A confusão crescia a cada hora. Na manhã de 22 de abril, o tenente-general Hellmuth Reymann, comandante da cidade apenas desde fins de fevereiro, foi substituído. Ele era censurado por Hitler com freqüência e, também e principalmente, por Goebbels, devido à sua falta de firmeza. Em seu lugar, foi nomeado o coronel Ernst Kaether, até então um dos oficiais líderes do Partido Nacional-Socialista para treinamento e monitoração ideológica das tropas. Ele foi promovido, extraordinariamente, para duas patentes acima, tornando-se tenente-general. Quando Kaether passou o resto do dia divulgando ao mundo sua honrosa distinção e demonstrando não estar à altura das grandes expectativas nele depositadas, não demorou muito a ser exonerado do cargo: à noite, já retornava à patente de coronel.

Simultaneamente, havia rumores de que o general Weidling havia transferido seu posto de comando do sudeste de Berlim para Döberitz, a oeste da cidade. Quando Busse e Hitler souberam do abuso de autoridade do general, eles determinaram, um independentemente do outro, que Weidling fosse substituído imediatamente, julgado pelo tribunal de guerra mais próximo e executado. Em vez de ceder, no entanto, o general foi diretamente ao *bunker* sob o prédio da Chancelaria. Logo em um dos corredores subterrâneos, deparou-se com Krebs e Burgdorf e exigiu explicações sobre o motivo para sua execução. Após ter esclarecido a situação em sua parte do *front* e, principalmente, ter comprovado que seu posto de comando continuava no sudeste de Berlim, "a apenas 1 ou 2 quilômetros da linha de frente mais avançada", os dois generais tornaram-se "significativamente mais amigáveis" e acompanharam-no, em seguida, para explicar-se a Hitler no *bunker* inferior.

O *Führer* recebeu-o com "o rosto inchado" e os "olhos febris", lembra-se Weidling e, assim que se sentaram, este observou, horrorizado, que a perna esquerda de Hitler, mesmo sentado, "se movimentava ininterruptamente, como o pêndulo de um relógio, só que mais rápido". Weidling mal conseguira terminar de descrever as condições de suas forças em sua área de defesa, quando Hitler tomou a palavra, segundo o relatório. Com "crescente surpresa", o general teria acompanhado a explanação sobre a defesa de Berlim, a saber: como as forças russas seriam dispersas, primeiramente, no sul da cidade e, em seguida, eliminadas por Steiner, Busse e outras unidades que, nesse ínterim, estariam livres para enfrentá-las. Ao mesmo tempo, "outras forças" manteriam o Exército Vermelho ao norte e, no final, uma força se uniria à outra dando início à batalha decisiva. Ainda do *bunker*, Weidling informou seus oficiais sobre o resultado da conferência e passou algumas instruções táticas. Mas, no dia seguinte, Krebs informou ao atônito general que Hitler o havia promovido a "comandante da Defesa de Berlim". "Teria sido melhor se tivessem decidido fuzilar-me", respondeu Weidling, secamente, "porque afastaria de mim esse cálice."

As surpresas não tinham fim. Nas conversas dos dias anteriores, um nome foi repetido várias vezes, crescendo em importância à medida que era mencionado, e despertando, instantaneamente, esperanças quiméricas. No início da tarde, o general Krebs contatou Heinrici e explicou que o 12º Exército, estacionado nas imediações de Magdeburg, sob o comando do general Walter Wenck, planejava dar meia-volta e, imediatamente, marcharia rumo a Berlim; a decisão, acrescentara Krebs, fora reforçada pelo fato de as tropas americanas, aparentemente, considerarem o Elba uma linha de demarcação e não fazerem menção de atravessar o rio.

Visto o 12º Exército ser formado, em grande parte, de veteranos do *front*, cujas unidades tinham sido complementadas por novas forças, não era de estranhar a esperança depositada em sua mobilização. Por outro lado, era necessário levar em conta que aquele exército recentemente reforçado ainda não tinha tido nenhuma experiência em operações conjuntas. Ainda mais crítico e absolutamente ignorado — ou reprimido — no mundo das bandeirinhas dentro do *bunker*, era o fato de Wenck não ter um único tanque à disposição, praticamente nenhuma defesa antiaérea contra a supremacia da aviação inimiga e faltar-lhe duas divisões prometidas, que até aquele momento não haviam chegado e jamais chegariam. Além disso, a região do 12º Exército se tornara, em poucos dias, um acampamento com mais de meio milhão de refugiados, empurrados pelo Exército Vermelho até o Elba, onde foram parados pelas tropas americanas, posicionadas do outro lado do rio. Eles formavam, dia após dia, acrescidos de incontáveis novas levas, uma espécie de "Frente dos Milhões" e, nos meses seguintes, seriam expulsos, aprisionados ou levados para o leste para campos de trabalhos forçados.

Não passou pela cabeça de Heinrici, no entanto, prevenir Krebs sobre as inúmeras dificuldades que paralisariam ou, até, impediriam qualquer operação. Heinrici, que desprezava cada vez mais as ordens que vinham do *bunker*, tinha, havia alguns dias, um único objetivo. Ele queria passar com o grupo do exército ao largo da cidade, tanto pelo norte quanto pelo sul de Berlim, evitando, com isso, o drama de uma batalha, comprovadamente, sem sentido. Em vez disso, as unidades deveriam avançar o máximo possível na direção das linhas inglesas e americanas. Por conseguinte, ele fez uso dessa informação para ordenar ao general Busse que avançasse com todas as forças disponíveis em direção oeste e marchasse ao encontro de Wenck. Quando Busse, conhecido por sua obediência ao *Führer*, fez objeções, Heinrici foi enfático e disse que era uma ordem, finalizando a conversa.

Somente a vontade sobrevivia, ela e a esperança ilusória de que a "coalizão perversa entre a plutocracia e o bolchevismo", como Goebbels costumava repetir, sucumbiria a qualquer momento. Ele não cansava de afirmar que toda a resistência militar tinha como único objetivo ganhar tempo, alguns dias, e, com seu jeito atrevido, do qual tanto dependia, falava da oportunidade que se daria em breve, de lutar lado a lado com os russos contra os aliados do Ocidente. Entretanto, durante o informe de 22 de abril, que esclareceu a situação real, o castelo de ilusões, ininterruptamente construído e cuidadosamente mantido, ruiu de vez.

Essa conferência dramática começou à tarde, pouco depois das três horas, e estendeu-se, entre constantes idas e vindas, até quase às oito da noite. Até mesmo a divulgação da notícia sobre mais um avanço das tropas soviéticas, desta vez ao norte, na linha de frente do Oder, pareceu não afetar Hitler, que a recebeu com indiferença estóica. Em seguida, os informantes explicaram que os inimigos haviam tomado Zossen, ao sul, e marchavam em direção a Stahnsdorf; que eles estavam operando na periferia ao norte da cidade, entre Frohnau e Pankow, e que já haviam avançado até a linha Lichtenberg, Mahlsdorf e Karlshorst. No silêncio que se fez, Hitler perguntou logo sobre o Grupo Steiner. Primeiro, ele recebeu respostas prolixas e, inclusive, contraditórias, até que Krebs, finalmente, teve de confessar que justamente aquele "Ataque Steiner" — elevado à condição de decisivo porque daria uma guinada no destino — jamais acontecera. Após curta e atordoada incubação, a explosão foi implacável.

Num rompante jamais testemunhado por qualquer um dos presentes, Hitler pulou de sua poltrona, atirou sobre a mesa, com um movimento encolerizado, os lápis de cor que sempre mantinha consigo durante os informes e começou a gritar. A sua voz débil e sem vida das últimas semanas recobrou, mais uma vez, algo da sua força original. Procurando as palavras, ele entoou uma espécie de protesto generalizado contra o mundo, a covardia, a infâmia e a infidelidade que havia por todos os lados. Ele injuriou os generais e a contínua resistência com a qual sempre fora confrontado; há anos estaria rodeado de traidores e perdedores. Enquanto todos fitavam o nada, estarrecidos, Hitler abria caminho com movimentos descuidados, cambaleando, para cima e para baixo, pela pequena sala. Embora tentasse, diversas vezes, recuperar o sangue-frio, começava logo a esbravejar novamente, completamente fora de si, e batia com o punho cerrado na palma da outra mão, enquanto lágrimas lhe corriam pelo rosto. Sob essas condições, repetia ele, não havia como continuar liderando, suas ordens se dissipavam ao vento, e ele não sabia mais o que fazer. "Perdemos a guerra!", gritou. "Mas se crêem que abandonarei Berlim, caros senhores, estão totalmente enganados! Prefiro dar um tiro na cabeça!" Quando Jodl foi chamado ao telefone, Hitler liberou todos os que estavam na sala de conferências, pedindo apenas a Keitel, Krebs e Burgdorf que ficassem.

Assustados com o barulho, os moradores do *bunker* haviam acudido para as dependências vizinhas à sala, até a escadaria. Enquanto ali estavam, ora trocando informações, ora emudecendo preocupados quando a estrutura tremia devido à explosão de uma granada próxima, Hitler saiu, repentinamente, da sala de conferências, curvado e pálido, sem conceder um olhar para a direita ou para a esquerda, e seguiu diretamente para seus aposentos, conforme testemunho de um dos presentes. Em meio à confusão criada, Bormann ia de um a outro e repetia, perplexo: "O *Führer* não pode estar falando sério, que quer se matar!", enquanto Keitel incitava os presentes: "Precisamos impedir o *Führer*!"

Quando voltou a calmaria, Hitler convidou alguns dos presentes — Keitel, Dönitz, Krebs e Burgdorf, bem como Hermann Fegelein — para uma conversa particular com cada um. Às cinco horas, aproximadamente, mandou chamar Goebbels, a quem Bormann ainda havia conseguido transmitir o pedido para que o *Führer*, de qualquer forma, se retirasse para o forte nos Alpes. Mas Goebbels fez de conta que aquele pedido não passava de uma exigência de um verdadeiro GPU.[3] Há algumas alusões que corroboram a idéia de que a oferta de Goebbels de dar a vida junto com o *Führer* tenha sido decisiva para o ainda indeciso Hitler ficar em Berlim. De qualquer forma, imediatamente após a conversa, o ministro da Propaganda dirigiu-se ao escritório em frente e informou à secretária, senhora Junge, que sua esposa e seis filhos se mudariam para o *bunker* ainda no mesmo dia. Mais frio e sensato do que em seus discursos de vitória, informou que cada criança estava limitada a trazer apenas um brinquedo e uma roupinha de dormir, já que agora "não precisaria de mais nada". Pouco depois, Hitler voltava para a sala de conferências, com a calma, aparentemente, restabelecida. Era chegada a hora, explicou ele, não havia mais esperança. E, quando praticamente todos os presentes o contradisseram, mencionando as unidades que ainda estavam disponíveis,

---

[3] GPU — sigla em russo da expressão "administração política de Estado", encarregada da segurança do Estado soviético a partir de 1922 e responsável pelo envio de acusados de delitos anti-revolucionários para "campos de recuperação através do trabalho". (N. dos T.)

como o exército de Wenck, que já estava a caminho, o de Busse e, ainda, o grupo sob o comando do fiel marechal-de-campo Ferdinand Schörner, em operação nas imediações de Dresden, Hitler só deu de ombros: "Façam o que quiserem! Não tenho mais nenhuma ordem a dar."

Fez-se uma pausa mais prolongada. Hitler, então, acrescentou que aguardaria a morte na capital do Império, não permitiria que o levassem a outro lugar e afirmou que havia sido um erro ter abandonado o quartel-general no leste da Prússia, em Rastenburg. Todas as objeções foram contestadas, inclusive a tentativa de Himmler, por telefone, de convencê-lo a mudar de idéia. Também as solicitações de Ribbentrop para ser ouvido foram rejeitadas sem muito alarido. Contrário ao que havia dito anteriormente, ele não enfrentaria os russos com a arma em punho, já que correria o risco de ser ferido e tornar-se prisioneiro do inimigo. Além disso, ele não estava em condições físicas para combater. No entanto, levado pelo *páthos* do momento e pelas palavras com que formulava seu destino, dizia que tombaria nas escadas da Chancelaria, repetindo a expressão amiúde, como que seduzido pela imagem dramática e sacrílega. Para impedir qualquer possibilidade de volta, ditou logo um comunicado, no qual afirmava que continuaria em Berlim e que assumiria, pessoalmente, a defesa da cidade.

Depois, junto com Keitel, Jodl, Goebbels e alguns outros, retornou aos seus aposentos. Mandou chamar seu assistente, Julius Schaub, e ordenou-lhe que juntasse todos os documentos pessoais que se encontravam no cofre aos pés da cama, ou em qualquer outro lugar possível, e os levasse ao jardim para queimá-los. Em vista das informações preocupantes sobre a chegada das tropas soviéticas, vindas de todas as direções, e seu iminente ataque ao Centro da cidade, ele nomeou o reiteradas vezes condecorado brigadeiro da SS, Wilhelm Mohnke, desde 1933, um dos guarda-costas do *Führer*, para comandante de combate na região de defesa mais central, a "Citadela". Hitler deu-lhe a ordem pessoalmente e passou-lhe o comando dos quase 4 mil homens da SS, além de unidades menores das três armas e da Juventude Hitlerista. Em seguida, ordenou que Keitel e Jodl seguissem com seu Estado-Maior para Berchtesgaden, se juntassem a Göring e tomassem as decisões necessárias. Quando um dos presentes objetou, dizendo que nenhum soldado combateria sob as ordens do marechal, Hitler contrapôs: "O que você quer dizer com combater? Não há mais muito o que combater, e quando depender de negociações... Isso o marechal sabe fazer bem melhor do que eu."

No final, quando todos já estavam exaustos e sem esperanças, Keitel ainda fez mais uma tentativa de convencer Hitler. Pela primeira vez, disse ele, não poderia cumprir uma ordem do *Führer* e se recusava a ir para Berchtesgaden. Hitler respondeu, simplesmente, que "jamais abandonaria Berlim, jamais!". Quando Keitel protestou novamente, houve uma curta discussão terminada por Hitler ao dar a entender que se recusava a continuar ouvindo o marechal. Mas quando Keitel disse que o *Führer* não podia deixar as forças armadas na mão, Hitler, ofendido, mostrou-lhe a porta. Na saída, Keitel virou-se para Jodl e disse, em meia-voz: "É o colapso!"

Naquela mesma noite, Keitel foi ao centro de comando de combate do 12º Exército, instalado na casa do chefe da guarda florestal, na "Alte Hölle", perto de Wiesenburg, a uns 60 quilômetros a leste de Magdeburg. Assim que o chefe do alto comando das forças armadas entrou na sala, Wenck viu confirmadas todas as restrições do líder da tropa

Wilhelm Mohnke, general da SS, foi nomeado por Hitler, em 22 de abril de 1945 comandante de combate na região de Defesa da "Citadela" (Chancelaria do Império e quarteirão do governo).

ao oficial de apoio. Keitel apareceu com relativa pompa e com comitiva e, mal havia batido com o bastão de comando na aba do quepe, a título de saudação, foi direto ao assunto: "Liberte Berlim!", disse. "Dê meia-volta com todas as forças que tiver. Junte-se ao 9º Exército. Vença a guerra para o *Führer*! Cabe ao senhor, Wenck, salvar a Alemanha!"

Wenck sabia que qualquer objeção seria inútil perda de tempo, respondendo apenas que, naturalmente, obedeceria às ordens do marechal-de-campo. Todavia, assim que Keitel partiu às três da manhã, ele reuniu seu Estado-Maior e explicou que, indo de encontro às ordens, ele não seguiria com todas as forças para Berlim, e sim, tentaria aproximar-se o máximo possível do 9º Exército. A ordem era formar uma extensa rota de fuga em direção ao oeste e mantê-la aberta. Quanto a Hitler, disse apenas "que o destino de uma única pessoa não tinha mais importância".

A notícia desoladora sobre a conferência de 22 de abril espalhou-se rapidamente. Hewel informou Ribbentrop; Jodl, o general Koller; o general-major Christian, o marechal em Berchtesgaden; e Fegelein pediu que fizessem uma ligação para Heinrich Himmler, em seu novo quartel-general em Hohenlychen, perto de Berlim. O líder da SS, que há tempos almejava ocupar a primeira posição na batalha pela sucessão do poder de Hitler, via chegada a sua hora: o relatório de Fegelein significava nada menos que a renúncia do "*Führer*". Na estreiteza de sua servidão, ele ainda hesitava em reivindicar esse título abertamente — apesar da insistência de seus conselheiros — sobretudo porque seu prestígio perante Hitler havia decaído muito. Mesmo assim, Himmler via-se encorajado a sondar o terreno para um encontro com o general Eisenhower. Sua intenção era, deixou claro, convencer o alto comando americano que ele poderia ser útil com sua SS; ele não queria apenas uma trégua no Ocidente, e sim, principalmente, conseguir material bélico americano para retomar imediatamente a luta contra o Exército Vermelho: "Assim eu ainda sairei vitorioso", explicou ele aos que estavam próximos — ao mesmo tempo que se decidia sobre o que seria mais condizente para o momento do encontro com Eisenhower, um cumprimento ou um aperto de mão. Consciente do grande jogo de estadista ao qual dera início, ele acrescentou com desdém quase explícito:

"Em Berlim, todos enlouqueceram!" O que ele não quis perceber é que o mesmo também estava acontecendo em Hohenlychen.

Provavelmente a última foto de Hitler, no final de abril, numa saída destruída da Chancelaria do Império, junto com seu assistente da SS de longos anos, Julius Schaub.

Capítulo Quatro
Conclusões

A capital estava um caos. Todas as manhãs, comandos de emergência formados às pressas punham-se em marcha para fortalecer os bloqueios de rua, cavar fossos antitanque ou construir abrigos provisórios de tábuas e cimento. Embora houvesse placas em toda a periferia da cidade com os dizeres: "É proibida a permanência de refugiados na capital", eles entravam pelas ruas ainda abertas dos subúrbios em filas intermináveis — com cavalos, carroças com xalmas e gado — acabando, freqüentemente, no meio da zona de combate. As estações ferroviárias estavam lotadas de trens de carga com comestíveis, material de reabastecimento e feridos. É bem verdade que os bombardeios haviam cessado desde que o Exército Vermelho se aproximara. Mas a cidade continuava em chamas e o turbilhão de poeira incandescente não dava trégua, bem como as cinzas, que eram continuamente carregadas pelo ar e cobriam fachadas, árvores e pessoas com uma camada que mais parecia cal. Aviões russos faziam vôos rasantes sem cessar sobre a cidade. Até mesmo aquela sirene, cujo uivo enervante já durava semanas, continuava soando, embora acrescido do som estridente e contínuo do "alarme de blindados". Por toda parte, havia veículos militares queimados ou abandonados por falta de combustível. A artilharia soviética, que havia se posicionado ao redor da cidade, já estava alcançando todos os bairros e incendiando casa após casa ao longo de várias ruas, antes de a infantaria avançar. Por vezes, até ruínas começavam a arder novamente, como relatos daquelas semanas descrevem com espanto.

A cada dia, mais fábricas, oficinas e fornecedores de suprimentos fechavam as portas. Era freqüente a falta de água e eletricidade durante horas e, a partir de 22 de abril, a pena de morte recaía sobre aqueles que usassem energia para cozinhar. No asfalto amolecido, amontoavam-se escombros e lixo que, junto com o onipresente cheiro de carne queimada, espalhava um fedor insuportável. Principalmente nos bairros mais centrais, as pessoas permaneciam dias a fio em abrigos e estações subterrâneas do metrô. Aqueles que, ainda assim, arriscavam sair, enrolavam os rostos em panos úmidos para protegerem-se contra a fumaça e os vapores do fósforo. A pura sobrevivência não se dava por vencida. Os últimos jornais, bem como os editais colados nas colunas de informações continham uma mistura de brados de vitória e ameaças, entrelaçadas com freqüentes conselhos bizarros sobre formas de enfrentar o dia-a-dia com seus incomensuráveis perigos e privações. Para "incrementar a base protéica", ensinava um deles, a população deveria ir a um dos muitos aguaçais da cidade à caça de rãs, facilitada com o uso de "panos coloridos", que deveriam ser arrastados pelas águas rasas na proximidade da margem.

Faltava de tudo. As unidades de colunas civis que se reuniam nos pontos de encontro viam-se colocadas em ônibus e bondes — nos poucos que ainda circulavam — e transportadas em direção ao *front*. Visto os russos, desde cedo, já haverem conquistado três depósitos de munições e armas nas regiões mais periféricas da cidade, e faltarem meios de transporte para trazer o material bélico dos depósitos em Grunewald e no Jardim Zoológico, no Centro da cidade, não demorou muito para que mais da metade dos combatentes fosse em direção ao inimigo apenas com a braçadeira e a instrução de se abastecer de carabinas e bazucas entre os mortos e feridos no campo de batalha. Não obstante todos esses contratempos, nesse ínterim, Hitler havia convocado os nascidos em 1929 às armas, que inexistiam.

Em vista do colapso iminente, o ajuste de contas do regime, há tanto tempo contido e disfarçado sob uma aura justiceira, começava a manifestar-se abertamente. As prisões estavam apinhadas de presos políticos, principalmente depois de 20 de julho de 1944, quando teve início o grande movimento de detenções. Na primeira metade de abril, Himmler havia determinado que nenhum detido deveria sobreviver, acionando, assim, a máquina assassina em todas as regiões ainda controladas por seus exércitos. Quando a vanguarda soviética estava próxima, desativou-se a prisão da rua Lehrter, efetivamente libertando alguns poucos acusados de ofensas menos graves, e levando os demais a crer que seriam libertados pela Gestapo no quartel-general do Palácio Prinz-Albrecht. Perto de uma da manhã, uma escolta da SS armada até os dentes deixou a prisão com os internos, levando-os, "para cortar caminho", a um terreno próximo, cheio de escombros, onde foram executados com um tiro na nuca ao sinal combinado. Entre os assassinados encontravam-se Klaus Bonhoeffer, Rüdiger Schleicher, Friedrich Justus Perels e Albrecht Haushofer, todos membros do movimento de resistência.

Ao mesmo tempo, as informações sobre o ânimo das tropas davam conta de níveis crescentes de depressão e de uma tendência contagiosa de temas suicidas durante as conversas. Dizia-se que a auxiliar da artilharia antiaérea, Inge Dombrowski, teria pedido ao chefe da companhia para executá-la. O jovem tenente satisfez seu pedido após hesitar durante atormentados momentos para, em seguida, suicidar-se. Os rumores sobre a grande ofensiva, preparada havia tempos pelo *Führer*, silenciavam-se agora. Em seu lugar, reanimavam as especulações sobre o exército de Wenck, que, dizia-se, encontrava-se perto de Potsdam pronto para a batalha decisiva. Simultaneamente, comentava-se que os americanos posicionados atrás do Elba estavam formando tropas aéreas de assalto para auxiliar as forças armadas alemãs no combate ao Exército Vermelho. Mas essas e outras quimeras propagandísticas, mais do que transparentes, já não surtiam efeito. O fatalismo mordaz, com o qual o humor berlinense manobrou-se pelas dificuldades recorrentes da vida havia gerações, reagia contra o fim iminente com o refrão "*Davan geht die Welt nicht unter...*" (O mundo não vai acabar por isso). Vizinhos cumprimentavam-se na rua assobiando a melodia. Ela tornou-se um tipo de regionalismo, como a expressão "*Bleiben Sie übrig!*" (Vê se sobrevive!) na despedida.

Os sintomas do declínio já se faziam sentir nos círculos mais próximos a Hitler. Nas primeiras horas da noite de 23 de abril, quando Albert Speer, assolado por "sentimentos conflitantes", voltou ao *bunker* para despedir-se de Hitler, percebeu a negligência que se instaurava na disciplina, através de detalhes reveladores: fumaça de cigarro nas ante-salas, garrafas pela metade espalhadas aqui e ali. Também era raro alguém se levantar quando o *Führer* entrava no recinto ou interromper a conversa quando ele passava.

O próprio Hitler parecia estar melancolicamente sereno e falava da morte como se fosse a redenção. Mesmo quando Speer confessou abertamente que, havia meses, rebelava-se contra as ordens de destruição publicadas e não as executava, Hitler, contrário ao esperado, não se irritou. Ele mais parecia, e isso freqüentemente durante esse encontro, entregarse a lembranças distantes, enquanto seus olhos enchiam-se de lágrimas. Como se tivesse deixado transparecer demais seus sentimentos, Hitler despediu-se de seu hóspede tardio, algumas horas depois, com uma indiferença que beirava uma desfeita e Speer teve a sensação de não mais pertencer a essa realidade. No caminho de volta através dos salões bombardeados daquela Chancelaria, que ele havia projetado seis anos antes, para ser "o primeiro testemunho arquitetônico do Império da Grande Alemanha", passou-lhe pela cabeça que, se o *Führer* tivesse chamado o pelotão de fuzilamento para executá-lo, como havia imaginado a princípio, esse teria sido um fim mais adequado para sua vida.

Nada poderia tê-lo convencido mais de que ainda fazia parte de tudo aquilo, pois manifestava a mesma forma de pensar que, a começar por Hitler, passando por Goebbels, Krebs, Burgdorf e Mohnke, junto com as centenas de "guarda-costas de Adolf Hitler" e dos inúmeros soldados combatendo fanaticamente dentro daquela cidade cercada, levava a não dar valor à vida. O historiador britânico A. J. P. Taylor denominou de "grande mistério" o fato de tantos alemães continuarem lutando irracionalmente, para além das últimas forças, nos escombros de um império que já era passado. Já que os próprios alemães não se lembravam, ele acrescentou com um certo sarcasmo atônito, a resposta jamais seria conhecida.

Mas não era bem assim. As tropas na zona de defesa mais central não se entregavam simplesmente à morte, desesperados e obedientes. É quase certo que muitos deles, naquela confusão dos últimos dias no campo de batalha, se sentissem compensados de uma forma irracional. O que contribuía para justificar a resistência, além da razão, não

Os esforços sem fim pela sobrevivência: a conhecida foto, tirada depois do bombardeio aliado de fins de 1943, captou numa metáfora fotográfica a tragédia constante de muitos habitantes de Berlim.

era só aquela noção enraizada de que tudo verdadeiramente grande no mundo é legitimado apenas através da morte e do ocaso. Muito mais, eles se sentiam nomeados, ou até, elevados à condição de atores principais do último ato de uma tragédia histórica mundial; e eles haviam aprendido que tragédias de tamanhas proporções emprestavam ao aparentemente absurdo um sentido transcendente. A atração por situações sem saída é, há muito, um dos traços característicos de pelo menos uma linha do pensamento alemão. Uma longa tradição filosófica — que em teorias revolvidas anuncia "a vocação dos alemães, na história mundial, para o radicalismo", bem como afirma que parte da herança que coube, principalmente, aos povos germânicos é o "pessimismo heróico" — é reduzida, aqui, de um tratado literário ininteligível a moeda corrente e posta a provas de fogo. Seria possível até encontrar motivos para aquela resistência ao limite em Heidegger e a "coragem para temer o nada" ("*Mut zur Angst vor dem Nichts*").

Foi disso tudo que muitos dos participantes daqueles combates sofridos, de perdas irreparáveis, travados nas ruínas e abrigos daquela cidade moribunda, conseguiram tirar uma satisfação sem igual. "Um entusiasmo sensato antes jamais vivido", lembra-se uma oficial alemão, "uma frieza, confiança na vitória e disposição para a morte predominavam durante nossa luta. [...] Zhukov podia até querer manter o controle da cidade, mas pagaria caro por isso, mesmo que nós tivéssemos que defendê-la apenas com pistolas."

Deve-se levar em conta, pelo menos nas unidades de elite, não só a SS, sua convicção ideológica, bem como a crença em Hitler e sua missão. Todos estavam preparados para situações desesperadoras. A idéia de viver numa época de "incêndios mundiais" com finais trágicos fazia parte, digamos assim, do equipamento básico. Durante o período de sua supremacia, o regime sempre introduzia, voluntariamente, crises imperativas de "vida ou morte" para levantar os ânimos. Já a série de "manifestações de fim de semana" de Hitler, durante os anos 1930, fazia parte dessa prática. Mas ele e seus seguidores apenas chegariam a uma completa harmonia com a essência de seu ser durante as festividades fúnebres realizadas, com toda a pompa, no período de guerra: após a derrota de Stalingrado, o discurso de Göring, carregado de um júbilo mórbido, relembrava "o salão de fogo e sangue dos Nibelungen"; ou a encenação de Goebbels, que clamava por uma guerra total e terminou "num caos de exaltação enfurecida". Os donos do poder jamais haviam tentado tornar o país tão pátrio quanto na iminência de abismos imaginários ou reais.

Finalmente, não poderia faltar uma menção sobre o choque do desencanto que se disseminava mais e mais: Ano após ano, inclusive nas semanas derradeiras, a cuidadosamente erigida falácia propagandística do regime escondeu da população a real situação da guerra; até os piores reveses eram noticiados como armadilhas para pegar o inimigo, muito superior em número. Agora, o sistema de engodo ruía de repente e, como sempre, quando os véus caem e a realidade recupera o poder, espalhava-se um sentimento de desprezo pela vida. Além disso, havia um temor indescritível pela sede de vingança do Exército Vermelho, com imagens apavorantes transmitidas de geração a geração sobre o "Oriente Bárbaro", obscuras suspeitas sobre a devastação de numerosas unidades durante as batalhas contra a União Soviética, bem como imagens ameaçadoras da própria propaganda com o único propósito de intimidar e que, repentinamente, cobriam cada muro.

O próprio Hitler era o fomentador, ao mesmo tempo que prisioneiro, dessa política de extrema tensão nervosa e, às vezes, tem-se a impressão de que ele precisava desse jogo de equilíbrio sobre o fio da navalha como de uma droga. As vitórias imediatas sobre a Polônia, Noruega e França no início da guerra proporcionaram-lhe apenas uma satisfação insípida e fugaz. É possível que, durante os dias de triunfo sobre a França, quando tomou a decisão de atacar a União Soviética, estivesse em jogo a necessidade de pôr o destino seriamente à prova. Agora, ele se encontrava no objetivo, por assim dizer. Durante os últimos informes do final de abril, quando repetia incessantemente a mudança de planos, ou seja, que não abandonaria mais Berlim e enfrentaria a morte na Chancelaria, simplesmente dando justificativas diferentes a cada vez que mencionava sua decisão, era esse trançado ilimitado de motivos que se manifestava.

Apesar das informações mentirosas que eram constantemente passadas para Hitler, ou até, graças a elas, ele era acometido de sensações complexas de satisfação como, por exemplo, ter a sorte de, mais uma vez, sentir-se seguro. No decorrer de uma das conferências, Hitler mal podia ocultar a empolgação quando falou de um "fim honroso", preferível a qualquer perspectiva de "viver mais alguns meses ou anos de vergonha e desonra"; de outra feita, exaltava o quarteirão do governo cercado como a "última pequena ilha" que se defendia "heroicamente"; ou ainda, assegurava a todos que estavam ao redor da mesa de cartas que "morrer lutando pela capital do Império não seria uma forma ruim de terminar a vida". A gama completa de ânimos acompanhada de loucura, protestos e resignação pode ser resumida em uma série de réplicas durante o informe de 25 de abril:

> "Não creio que haja dúvida. Os combates alcançaram seu clímax aqui (em Berlim). Se for realmente verdade que os aliados estão se desentendendo em São Francisco — e diferenças entre eles serão inevitáveis —, então só será possível reverter o quadro quando eu der um golpe no colosso bolchevista em algum lugar. Nesse

> momento, talvez os outros se conscientizem de que há apenas uma pessoa que pode deter a ameaça comunista, que é capaz de fazê-lo, e esse sou eu, e o partido, e o Estado alemão de hoje."
>
> "Se o destino decidisse de outra forma", diria ele mais tarde, "então eu sumiria da página da história mundial como refugiado sem glória. No meu entender, no entanto, mil vezes mais covarde do que ficar aqui e ser abatido seria suicidar-me no Obersalzberg. Ninguém deve dizer: 'O senhor, como *Führer*...'"
>
> "Sou o *Führer* apenas enquanto puder liderar. Não poderia liderar se estivesse em cima de uma montanha qualquer... É insuportável para mim, pessoalmente, deixar outros morrerem em conseqüência dos meus próprios atos. Não vim ao mundo para defender apenas uma fazenda nas montanhas."

O motivo pelo qual veio ao mundo e, até, a missão histórica para a qual estava predestinado foram resumidos por Hitler em uma visão panorâmica que acabou se tornando o documento político derradeiro de sua vida. Segundo informações das pessoas mais próximas, desde seu retorno a Berlim, ele havia passado muitas noites de fevereiro e, mais tarde, uma em abril, naquele *bunker*, com Goebbels e Ley, e, às vezes, o ministro da Economia, Walther Funk, também era convidado. Durante monólogos intermináveis, ele fazia uma avaliação de sua vida, não só examinando as condições e chances de sua política, mas também enumerando seus enganos e erros que lhe haviam passado despercebidos. Em seguida, cabia a um ou outro do grupo dar sentido e forma àquela verborréia desordenada de sempre.

Hitler sempre iniciava suas considerações com o inconsolável fracasso de sua "Idéia Real" de criar uma aliança anglo-alemã. Ano a ano, ele teria cortejado o *Empire*, explicava, tendo em vista o interesse comum de manter tanto a Rússia quanto os Estados Unidos longe dos assuntos do Velho Mundo; nesse sentido, ele e ninguém mais havia sido "a última chance da Europa". Em vez de reconhecer isso, o mundo todo se debruçou sobre o rigor que essa política implicava. "Mas a Europa", acrescentava, "não seria conquistada com charme e com a arte da persuasão. Era necessário violentá-la para possuí-la." Esse pensamento incluía obrigar as potências mundiais românicas, França e Itália, já ultrapassadas pelo processo histórico, a abrir mão de sua política anacrônica de grandeza.

Tudo dependia da Inglaterra, mas a Inglaterra, explicava, liderada por políticos de pouca visão e inteligência, sempre lhe falhara. Se o destino pelo menos houvesse presenteado à envelhecida e esclerosada Inglaterra com "um segundo Pitt", reclamava, "em vez desse ajudeuzado beberrão meio-americano" do Winston Churchill. Nesse caso, esse reino insular teria podido dedicar-se com todas as forças à manutenção do bem do império, enquanto a Alemanha, com as costas livres, poderia ter seguido sua missão, "o objetivo da minha vida e razão para a ascensão do nacional-socialismo: o extermínio do bolchevismo".

Hitler acreditava que marchar rumo ao leste para conquistar aquelas terras sempre havia sido uma predestinação da política alemã. Deixar de seguir essa determinação era muito pior do que o risco inevitável de uma derrota: "Fomos condenados à guerra", declarava. Para seu azar, ela teve que começar tarde demais do ponto de vista militar e cedo demais do ponto de vista psicológico. O povo alemão não estava preparado, nem de longe, para a grande luta decisiva que lhe era imposta: "Teriam sido necessários vinte anos até conseguir amadurecer uma nova e exclusiva elite nacional-socialista." Mas faltava-lhe tempo. Essa foi a tragédia alemã desde sempre, "jamais ter tido tempo suficiente". Todo o resto era conseqüência, inclusive a falta de equilíbrio interno. Nesse ínterim, ele interpretava como uma "fatalidade pessoal liderar um povo instável e influenciável como nenhum outro", um povo irrequieto como o alemão, que, no passado, caía de um extremo ao outro com uma insensibilidade singular.

Ao mesmo tempo, continuava, havia cometido erros e feito concessões que não eram justificáveis por qualquer interesse ou necessidade. Analisando a situação sobriamente, ele devia contar sua amizade com o *Duce* italiano como um dos grandes erros cometidos, e que acabaria custando-lhe a vitória. Sua lealdade a Mussolini, impediu Hitler de adotar uma política revolucionária tanto no norte da África quanto no mundo islâmico, visto o italiano ter-se dado ao ridículo de fazer-se proclamar "Espada do Islã" por criaturas aterrorizadas e compradas. Do ponto de vista militar, foi quase tão dramático. A entrada da Itália na guerra rendeu vitórias imediatas aos inimigos e, com isso, insuflou confiança. Além disso, o ataque absolutamente "idiota" à Grécia havia atrasado o início da marcha contra a Rússia em seis semanas, resultando na catástrofe invernal às portas de Moscou: "Tudo teria sido diferente!", dizia, suspirando. A razão lhe havia imposto uma "amizade brutal" com a Itália. Em vez disso, ele sempre se deixou levar pelos sentimentos de bom aliado.

Hitler constatou, afinal, que tinha sido exatamente sua falta de rigor que lhe custara a vitória certa. A seu favor tinha apenas o fato de haver combatido os judeus "de peito aberto" e desintoxicado o "*Lebensraum* alemão do veneno judeu".

No que diz respeito a todo o resto, em contrapartida, ele havia sido irresoluto demais: quando deixou de eliminar, sem dó nem piedade, os conservadores alemães, tentando conduzir uma política revolucionária com esses políticos "cheios de dedos"; e quando perdeu a oportunidade de libertar os trabalhadores, na Espanha e na França, das mãos de uma "burguesia fossilizada". Ele deveria ter instigado todos os povos coloniais à insurreição: os egípcios, iraquianos, bem como todo o Oriente Próximo — "o mundo islâmico vivia na expectativa da nossa vitória", asseverava. Como teria sido fácil levá-los a fermentar: "Imaginem nossas possibilidades." Caso falhasse, afirmava, não seria seu radicalismo que o levaria à ruína, e sim, sua falta de empolgação, sua incapacidade de ir até as últimas conseqüências. Não restava nada, a não ser a sabedoria que adquirira cedo, divulgara centenas de vezes, mas não conseguira seguir à risca: "A vida não perdoa os fracos!"

Hitler se recriminou por essa falha até o fim, como também indicam os relatórios dos últimos informes. Segundo explicou na conferência de 27 de abril, ele teria sido obrigado a fazer uma série de concessões durante a ascensão ao poder, nos meses que antecederam a morte de Hindenburg, em agosto de 1934. Se, no passado, não tivesse "levado em conta os interesses daquela gentalha", ele poderia ter sido muito mais radical, lamentava. "Milhares" deveriam ter sido "eliminados". A complementação de Goebbels dá uma idéia bastante reveladora da motivação mais profunda do regime de Hitler, quando deplora o fato de a Áustria, durante a anexação de 1938, não ter oferecido nenhuma resistência: "Poderíamos ter destruído tudo."

Aproveitando o gancho para justificar sua permanência em Berlim, o *Führer* disse que, assim, poderia proceder racionalmente diante de qualquer indicação de fraqueza. É nesse contexto que surge a lamuriosa observação sobre o verdadeiro motivo dos ataques de desespero que o perseguem com freqüência cada vez maior: "Depois de tudo, lamenta-se por ter sido bom demais."

Capítulo Cinco

O banquete da morte

Na tarde de 23 de abril, chegou um telegrama de Berchtesgaden no *bunker*. Nele, Göring perguntava se a decisão de Hitler de "resistir no forte de Berlim" significava que o decreto de 29 de junho de 1941 tinha entrado em vigor. Segundo o documento, assim que o *Führer* fosse privado de sua liberdade de ação, a liderança do império caberia ao marechal, que teria plenos poderes.

Custou-lhe muito fazer essa solicitação. Antes de decidir-se a fazê-lo, refletiu demoradamente. Do general Koller, expressamente convocado de Berlim, Göring recebeu informações sobre os últimos acontecimentos no *bunker*. Principalmente a intenção irrevogável de Hitler de permanecer na capital, bem como as instruções dadas na noite anterior a Keitel e Jodl, ordenando que ambos se juntassem ao marechal para tomar as decisões necessárias, haviam-no alarmado a ponto de chamar seus conselheiros mais importantes para discutirem o que fazer. Todos os presentes, inclusive o chefe da Chancelaria, o ministro Hans-Heinrich Lammers, concordavam que, com isso, o decreto entrava em vigor. Vários esboços depois, o telegrama finalmente enviado, formulado em tom de lealdade, solicitava uma resposta até as dez horas da noite e terminava com a seguinte frase: "Que Deus o proteja, e espero que o senhor ainda deixe Berlim e venha para cá." Embora Martin Bormann, antigo rival de Göring, fizesse de tudo para apresentar o telegrama como um ultimato, Hitler recebeu a notícia calmamente.

Somente por volta das seis da tarde, quando um segundo telegrama do marechal chegou ordenando a presença "imediata" do ministro do Exterior, Von Ribbentrop, em Berchtesgaden, em função da entrada em vigor do decreto de sucessão, Bormann conseguiria levar Hitler a se enfurecer cada vez mais. Seu discurso se resumia em afirmar que se tratava de um golpe de Estado e, não demorou muito, Goebbels também se meteu, falando sobre honra, lealdade, luta e morte. Essas palavras de efeito, no entanto, mal escondiam sua revolta com a tentativa de Göring de reivindicar para si o resto de poder que, assim acreditava Goebbels, cabia a ninguém mais que a ele mesmo. Aquelas rixas entre os "satélites de Hitler" continuavam interminavelmente. Como sempre, não demoraram a atingir o próprio Hitler que as manipulava para exercer o poder. Pela última vez, ele deu vazão ao descontentamento com Göring, perceptível havia anos. Numa visível explosão impetuosa, Hitler acusou-o de ter sido um preguiçoso e um fracassado, responsabilizou-o por ter, com seu exemplo, "possibilitado a corrupção dentro do Estado", chamou-o de "morfinômano" e foi se exaltando de tal maneira, segundo um dos presentes, que acabou chorando como uma criança.

Finalmente, quando a cólera havia cedido, ele assinou um radiograma elaborado por Bormann, no qual acusava Göring de alta traição, que, como todos sabiam, era punida com a morte. Hitler, entretanto, desconsideraria a pena se Göring abdicasse de todas as suas funções e abrisse mão de seu direito de sucessão. Depois disso, repetindo o quadro de instabilidade de ânimos que se instaurara na época, recaiu em sua apatia e afirmou com menosprezo que, a essa altura, nada faria diferença: "Por mim, Göring pode negociar à vontade a capitulação. Se a guerra estiver perdida, tanto faz quem está à frente." Não foi sem razão que, posteriormente, Göring lançou mão dessa observação para justificar-se. Na comoção das últimas horas, entretanto, aquilo não levava a nada. No final, Hitler irritou-se novamente e ordenou ao comandante da SS de Obersalzberg que prendesse Göring e demais envolvidos e levassem-nos para a caserna da SS, em Salzburg.

Durante o informe da tarde seguinte, ficou-se sabendo que os exércitos de Zhukov e Konjev haviam-se unido no sudeste de Berlim, fechando o cerco. Não demorou e as tropas avançadas isoladas encontraram-se na Kantstrasse, uma atirando contra a outra, até Konjev receber a informação de que as honras pela conquista do Centro da cidade caberiam ao seu rival. Mas já havia uma linha de frente contínua de Zehlendorf até Neukölln, enquanto Tegen e Reinickendorf, ao norte, haviam sucumbido. Ao mesmo tempo, as tropas soviéticas começaram a ameaçar os aeroportos da cidade, Tempelhof e Gatow. Para manter as conexões aéreas, Hitler ordenou que o Eixo Leste-Oeste, que ele havia inaugurado alguns anos antes com um pomposo desfile militar, fosse usado como pista emergencial de pouso, ordenando, para tal, a retirada de todos os candelabros localizados em ambos os lados da elegante avenida, sob evidentes protestos de Speer. O *Führer* informou aos presentes que ainda aguardava a chegada de 150 soldados de elite da Marinha confirmados por Dönitz, bem como um batalhão da SS, prometido por Himmler como "última reserva".

No momento, entretanto, a pista de pouso tinha prioridade para receber o general Ritter von Greim, comandante da 6ª Frota Aérea de Munique. Não havia como impedi-lo de ir cumprimentar o general pessoalmente, pois lhe permitiria, durante alguns momentos ao menos, poder sair da escuridão do *bunker* e fazer uma aparição protocolar. E, enquanto lá fora, entre a Chancelaria e a praça Paris, canhoneiras ainda eram abertas nas paredes e canhões antitanque eram posicionados, o *bunker* tremia cada vez mais sob a explosão das granadas da artilharia russa.

No dia seguinte, no aeroporto Gatow, Ritter von Greim pousou com um caça de um só lugar, do tipo Focke-Wulf 190, cujo compartimento de bagagem havia sido modificado para acomodar a piloto Hanna Reitsch. Quando havia telefonado para o *bunker* do *Führer*, Von Greim fora informado de que muitas ruas de acesso, até a estação Anhalter, e grande parte da Potsdamer Strasse para cima estavam em mãos soviéticas. Mas Hitler fazia questão de uma conversa pessoal. O motivo para tal não lhe foi comunicado.

Embora a travessia fosse praticamente impossível, o general e Hanna Reitsch subiram num Fiesler Storch[1] que os aguardava. Após um vôo turbulento por cima da silhueta escura da cidade moribunda, pouco depois de o avião ter sido jogado de um lado a outro pelas rajadas de vento provocadas pelos incêndios, ele pousou na Porta de Brandemburgo. Pouco antes, o fogo da artilharia havia rasgado a parte inferior da fuselagem ferindo Greim gravemente na perna, do joelho para baixo, de forma que ele acabou sendo carregado para dentro da Chancelaria com uma grave hemorragia que exigia a presença de um médico. Foi levado ao *bunker* numa maca e, logo depois, Hitler cumprimentou-o com as palavras: "Ainda existem lealdade e coragem no mundo!" Hanna Reitsch relatou que o *Führer*, com voz abatida e olhar vítreo, colocou-os a par da traição de Göring, de

---

[1] Biplano conhecido como o primeiro avião lento.

sua conseqüente exoneração de todos os cargos e sua ordem de prisão. Tornando-se mais formal com visível dificuldade, nomeou Ritter von Greim chefe supremo da Força Aérea e promoveu-o, simultaneamente, a marechal-de-campo. "Não me poupam nada, neste mundo", lamuriou-se no final, "nem decepções, falta de lealdade, nem desonra e traição."

Durante a cerimônia curta e confusa, podia-se ouvir, ininterruptamente, "estrondos e explosões dos impactos" e, "mesmo naqueles recintos subterrâneos", a argamassa continuamente caía das paredes. De tempos em tempos, era necessário desligar a ventilação, porque o fogo da artilharia tornava-se tão intenso que a fumaça e o cheiro de queimado tomavam o ar dos moradores do abrigo. Além disso, pela primeira vez, mesmo que por apenas algumas horas, a comunicação a distância ficou interrompida, de forma que as informações atualizadas chegavam através dos noticiários das rádios inimigas ou de telefonemas para os bairros da cidade onde a batalha era travada. Uma informação que, definitivamente, conseguiu alcançar o *bunker* foi o encontro das tropas americanas e soviéticas perto de Torgau, às margens do Elba, no decorrer de 25 de abril, e o fato de terem se dado as mãos em vez de atirarem uns nos outros. Com isso, desvaneceu-se a esperança do tão aguardado fim da coalizão dos aliados, embora Hitler procurasse esconder sua decepção com todas as forças. Com a teimosia que, acreditava, sempre vinha em seu socorro em situações sem saída, ele assegurou a todos durante o informe daquele mesmo dia: "A situação em Berlim parece pior do que realmente é."

Na verdade, acontecia justamente o contrário, a situação era pior do que qualquer um dos moradores daquela caverna subterrânea reconhecia ou queria admitir. Pesquisas posteriores comprovaram que, devido ao bombardeio, muito mais da metade dos prédios nos distritos do Centro já havia sido destruída. O que tinha início agora era, literalmente, a destruição da cidade sob o fogo constante do conquistador. O general soviético Nikolai Bersarin mencionou, após a ocupação de Berlim, que os aliados ocidentais haviam jogado sobre a cidade 65 mil toneladas de material explosivo em mais de dois anos; e o Exército Vermelho, em contrapartida, 40 mil toneladas em apenas duas semanas. Segundo estatísticas posteriores, a cada morador de Berlim cabia uma massa de quase 30 metros cúbicos de escombros.

Principalmente as grandes vias de acesso mais pareciam trilhas ladeadas de entulho. Os desabrigados perambulavam dia e noite pelos terrenos de ruínas e afundavam, com freqüência, em crateras cheias de água esverdeada até a borda. Protegidos por grossos sobretudos, capacetes e fuzis presos ao ombro por meio de cordas, os integrantes das tropas de colunas civis vagavam pelas ruas, muitos procurando a esmo seus postos de comando, uma vez que sua mobilização não dependia apenas do comandante militar, mas também do responsável local do partido, o que levava, freqüentemente, a ordens contraditórias. Medo e pânico tomavam conta tanto dos distritos já conquistados da cidade quanto daqueles que ainda ofereciam resistência. É bem verdade que o comando do Exército Vermelho iniciou, de imediato, a nomeação de administrações locais e procurou exercer um rigor correto até perante as próprias tropas, de forma a restabelecer ao menos uma ordem provisória. Nos níveis mais baixos, em contrapartida, reinava a arbitrariedade das detenções e dos confiscos, agravada pelos intermináveis estupros praticados pelos soldados vitoriosos, cujas vítimas não tinham limite de idade, variando de menininhas até senhoras idosas.

Como sempre, em tempos de colapso, podia-se presenciar um contraste distorcido no cerne dos círculos de defesa, onde os atos de transgressão irromperam com força total. Os diários da época dão conta de desregramentos, bebedeiras em massa e apressados excessos eróticos. O autor de um deles afirmava jamais esquecer a imagem "à sua volta, com pessoas gravemente feridas, moribundos e mortos; um fedor de decomposição insuportável. Deitados nesse meio, encontravam-se soldados fardados e bêbados abraçados com mulheres tão bêbadas quanto eles". Outro observou, ao entrar em um restaurante da Kurfürstendamm, um grupo de oficiais da SS, completamente embriagado, que "comemorava o fim do mundo com senhoras vestidas de longo". Muitos tiveram a impressão de que o mais ínfimo vinha à tona com uma audácia provocante. Não resta dúvida que as regras de boa conduta seguidas durante toda uma vida continuavam sendo honradas pela grande maioria. Porém, cobiça e delinqüência dominavam o cenário. Donas de casa saíam, ainda sob o fogo da artilharia inimiga, e percorriam os distritos residenciais parcialmente destruídos saqueando o que podiam, como se nada tivesse dono. "Tribunais de rua" formavam-se isoladamente e abriam processos-relâmpago que terminavam em execução: com um cartaz pendurado no pescoço com os dizeres "Roubei meu concidadão", pessoas eram enforcadas na árvore mais próxima.

Outros procuravam uma "saída do inferno" de forma mais drástica, da qual se tem uma descrição encontrada em anotações. O professor Ernst Grawitz, vice-presidente da Cruz Vermelha Alemã e "médico imperial da SS", sentou-se com a esposa e os filhos à mesa quando recebeu a notícia de que a cúpula do regime estaria abandonando a cidade.

Assim que todos haviam se sentado, pegou duas granadas sob a mesa e, tirando-lhes os pinos, explodiu toda a família.

Mas não eram apenas os partidários do regime decadente que escolhiam essa saída. Não foram poucos os que conseguiram sobreviver à guerra de forma irrepreensível, mas não conseguiram suportar, naquelas semanas, a idéia do mundo que ruía à sua volta e das normas que haviam desaparecido, acabando por suicidar-se. Ao álbum de imagens inesquecíveis daquele horror também pertence a do médico que percebeu, petrificado, que lhe restavam apenas duas ampolas de veneno, quando as tropas soviéticas estavam se aproximando e, antes de aplicar uma injeção na mulher e em si mesmo, acabou afogando um filho após o outro na banheira, enquanto estes se debatiam em desespero. A "epidemia suicida" que havia começado em fevereiro de 1945, em Berlim, continuava e, de acordo com as estimativas, custou alguns milhares de vidas por mês. Em maio, quando começaram a surgir números um pouco mais confiáveis, o total de pessoas que dera fim à própria vida chegava a, pelo menos, setecentas.

Enquanto isso, Hitler continuava se agarrando às mais improváveis informações de sucesso como, por exemplo, a notícia de que dois aviões de transporte haveriam pousado na pista do Eixo Leste-Oeste, ou ainda, iludia-se com sua própria imaginação. Os russos em Berlim acabariam "sangrando até a morte", principalmente porque haviam atraído para si uma "tarefa colossal" com aquela cidade de 4 milhões de habitantes. Sempre que alguém mencionava o nome "Wenck", surgiam novas esperanças e, durante o informe de 27 de abril, quando um dos oficiais assegurou com voz firme: "Wenck está a caminho, meu *Führer*!", os ânimos eufóricos voltaram de imediato. "Imaginem só!", disse Hitler, alegre, "a notícia se espalhará por Berlim num piscar de olhos: 'Exército alemão encontra-se a oeste, atravessa as linhas russas e entra em contato com a fortaleza.'" Logo depois, recomeçava a exaltação de outrora: "Não temos mais regiões ricas em petróleo", lembrava Hitler aos presentes, "e isso é catastrófico porque impossibilita qualquer operação mais abrangente. Quando eu tiver resolvido isto daqui, vamos dar um jeito de reconquistar as regiões petrolíferas." Mais tarde, ele travou várias conversas sobre a possível comenda que o general Wenck deveria receber pela singular operação de "Resgate do *Führer*".

Durante o informe daquele mesmo dia, Mohnke informou que seis tanques inimigos haviam surgido na Wilhelmplatz, a poucos passos da Chancelaria, mas foram desativados pelas tropas antitanque, que haviam se dirigido imediatamente ao local. No dia anterior, Schöneberg caiu, apesar da defesa desesperada, formada por uma maioria de rapazes da Juventude Hitlerista, quatrocentos ao todo, que mal tinham completado 15 anos e ali morreram.

Era fato que os combates tornavam-se mais acirrados à medida que as unidades soviéticas se aproximavam do Centro. Nos subúrbios da cidade, eles haviam conseguido avançar com rapidez. As inúmeras barricadas foram explodidas pelos tanques das unidades blindadas avançadas, sem qualquer dificuldade, ou simplesmente atropeladas como "obstáculos construídos com palitos de fósforos". Os obstáculos menores foram deixados para as unidades que vinham na retaguarda, munidas de canhões e lança-chamas. Mas o avanço foi refreado pelo anel de defesa interno. Em muitos lugares, as unidades russas tinham de conquistar seu espaço casa a casa. As maquetes de arruamentos específicos de Berlim, que o marechal Zhukov havia feito antes do início da batalha para ensaiar a tomada da cidade, provaram ter sido absolutamente inúteis. Na região dos *bunkers* de defesa antiaérea, entre a Alexanderplatz e a prefeitura, bem como na Porta de Halle, as lutas homem a homem nas ruas e construções custou o maior número de vidas. O Exército Vermelho libertou das prisões, principalmente no norte da cidade, inúmeros presos de guerra soviéticos que, sem muita cerimônia, recebiam armas e munição para reforçar as unidades entrementes desfalcadas.

Nesse ínterim, o *bunker* continuava enviando mensagens de rádio a Keitel e Jodl, em Rheinsberg e Krampnitz, cada vez mais urgentes. Repetiam-se as ordens para que todas as unidades localizadas "entre o Elba e o Oder" marchassem rumo a Berlim para "socorrer a capital do império, atacando com todos os meios e maior urgência para, assim, chegar a um final vitorioso". Entremeavam-se questionamentos, cada vez mais alarmados, sobre os paradeiros de Wenck e Busse, que não respondiam, bem como sobre o Grupo Holste, que se encontrava em algum lugar a nordeste da cidade e cujo nome surgiu repentinamente na imaginação utópica do *bunker* como uma espécie de estrela redentora.

Não se perguntava mais sobre Steiner. A única coisa que Hitler queria era substituir imediatamente o líder da SS pelo tenente-general Holste. Mas, na região de Eberswalde, não se dava mais ouvidos à palavra do *Führer*. Steiner convencera Holste a deixar o comando em suas mãos, apesar das instruções. Nas primeiras horas da manhã de 28 de abril, Krebs ficou ainda mais impaciente e disse a Keitel: "O *Führer* aguarda socorro com urgência; só lhe restam, no máximo,

48 horas. Se não chegar reforço até então, será tarde demais! Estou repetindo as palavras do próprio *Führer*!!!"

Para enfatizar a exigência vinda do *bunker*, Keitel foi, pessoalmente, conversar com o general Heinrici que, contra as ordens recebidas, determinara a retirada da unidade de blindados do general Hasso von Manteuffel. O encontro deu-se num cruzamento ao sul de Neubrandenburg, obstruído por infinitas levas de refugiados, esgotados e acabrunhados, indo a "lugar nenhum". Heinrici apareceu com Von Manteuffel, porém, antes mesmo de terem tempo de se cumprimentarem, Keitel exigiu uma explicação para aquele abuso de autoridade. As ordens eram permanecer no Oder, não recuar um passo sequer e defender o *front* a todo custo. Enquanto ele acompanhava cada palavra batendo com o bastão de comando na palma da mão, Heinrici tentou explicar-lhe a situação dizendo que não conseguiria manter a linha de frente do Oder com as tropas que tinha. Nem lhe passava pela cabeça enviar seus soldados inutilmente para o fogo inimigo. Para tal, ele necessitava de unidades descansadas, caso contrário, seria obrigado a ordenar mais retiradas.

Keitel continuava a agitar o bastão. Heinrici, disse o marechal, rispidamente, não deveria contar com reforço e sim, atacar. Essa era a ordem do *Führer*, cabia a ele executá-la. Quando Heinrici retrucou que o general Von Manteuffel não receberia tal ordem dele, Keitel encarou Von Manteuffel, que respondeu lacônica e significativamente: "Senhor marechal-de-campo, a 3ª Divisão de Blindados obedece, exclusivamente, ao general Von Manteuffel." Irritado, Keitel gritou de volta: "Se a tropa não mantiver posição, então atirem a esmo e verão como ela vai manter posição rapidinho!"

Quis o acaso que, naquele momento, passasse um veículo transportando dois soldados da força aérea completamente extenuados. Heinrici ordenou que o veículo se aproximasse e disse a Keitel: "Agora, senhor marechal-de-campo, o senhor tem a oportunidade de dar o exemplo! Execute-os!" Envergonhado, Keitel gaguejou algo como "prender" e "corte marcial" antes de partir.

Mais tarde durante esse encontro, ficou claro como Heinrici havia se distanciado do mundo insano das ordens do *Führer* e tinha por objetivo não só salvar o que restava de seu Grupo do Exército, mas também proteger a população civil. Quando Heinrici falou da responsabilidade que tinha para com suas tropas, durante um telefonema com Keitel na manhã seguinte, este lhe chamou a atenção: "Não lhe cabe carregar essa responsabilidade, e sim, cumprir ordens!" O general respondeu que, sob essas condições, ele informava ao marechal-de-campo que renunciava ao comando. Houve um momento de silêncio embaraçoso do outro lado da linha até Keitel anunciar: "General Heinrici, através dos poderes que me foram conferidos pelo *Führer*, eu o dispenso, incontinenti, de seu comando sobre o Grupo Weichsel. Mantenha-se à disposição no seu posto de comando!"

No *bunker* também se esvaíam, mais e mais, os restos de esperança. Na noite de 28 de abril, quando se ficou sabendo que os russos já haviam alcançado a esquina da Wilhelmstrasse, e que batalhas sangrentas eram travadas na Potsdamer Platz, chegou uma notícia, cujos rumores haviam causado inquietação durante todo o dia e, agora, era confirmada pela agência Reuter. Ela informava que o comandante-em-chefe da SS, Heinrich Himmler, havia tentado negociar separadamente com as potências ocidentais através do diplomata sueco conde Folke Bernadotte e estava disposto, inclusive, a uma "rendição incondicional".

A notícia atingiu Hitler como um soco no estômago. Ele sempre havia considerado Göring corrupto e Speer, que, segundo confidenciara a Artur Axmann, era a outra decepção dos últimos tempos, um artista imprevisível e ingênuo. O fracasso de ambos, quando foram postos à prova, já era de esperar, por assim dizer. A traição de Himmler, em contrapartida, que tinha a lealdade como lema e como máxima manter o juramento "à Ordem germano-ariana dos membros da SS", significava o fim do mundo. "Ele vociferava como um louco", descreveu a cena Hanna Reitsch, "ficou roxo e quase irreconhecível." Junto com Goebbels e Bormann, retirou-se para seus aposentos. "Estava branco feito a neve", continuaria a piloto, e arriscou: "a imagem de uma vida já extinta."

Após poucas palavras, esforçando-se para manter a compostura, Hitler foi ao quarto de Greim. Sentado na cama do ferido e recém-nomeado comandante supremo da Luftwaffe, ordenou-lhe que partisse imediatamente a Plön, em Schleswig-Holstein, e providenciasse, junto a Dönitz, tudo quanto fosse necessário para que Himmler recebesse o merecido castigo. "Um traidor não pode tornar-se meu sucessor", disse ele, "faça com que ele nunca chegue a sê-lo." Greim e, posteriormente, também Hanna Reitsch protestaram. Eles insistiam que haviam decidido continuar no *bunker* e enfrentar a morte junto com Hitler. Além disso, não havia mais como sair de Berlim.

Hitler, no entanto, persistiu em sua decisão e disse que, segundo haviam-no informado, um Arado 96 previamente solicitado por ele havia pousado no Eixo Leste-Oeste, no meio daquela confusão. Entregou a Hanna Reitsch duas ampolas de veneno, "para uma emergência", e despediu-se. "Nos arredores de Potsdam já se ouve o fogo da artilharia alemã", acrescentou ao deixar o recinto. Seguiu, então, pelo corredor, compartilhando com cada um que passava sua indignação, sempre verbalizada de forma distinta. Agora, ele sabia por que Himmler havia fracassado às margens do Vístula, por que a ofensiva da SS na Hungria havia fracassado, e por que Steiner se recusara a atacar. Tudo fazia parte da traição e da intriga. O comandante-em-chefe da SS tinha inclusive a intenção de entregá-lo vivo ao inimigo, divulgava Hitler. Enquanto isso, os demais moradores do *bunker* redigiam, afobados, cartas de despedida aos familiares e entregavam-nas a Hanna Reitsch, que seria, provavelmente, a última mensageira a deixar a cidade. Debulhando-se em lágrimas, ela e Greim deixariam o *bunker* pouco depois. "Devemos ajoelhar-nos em veneração diante do altar da pátria", diria ela, mais tarde, ao descrever seus sentimentos ao general Koller. Greim, por sua vez, afirmou, exaltado, após haverem conseguido sair milagrosamente da cidade, que os dias ao lado do *Führer* tiveram sobre ele o efeito de uma "fonte da juventude".

Enquanto as paredes do *bunker* ainda ecoavam as acusações de traição, o general Weidling apresentou-se, por volta das dez da noite, para fazer um relato da situação. O que tinha a dizer acabou, de vez, com toda e qualquer ilusão que ainda restasse. Os russos abriam caminho por todos os lados e não havia reforço disponível. O abastecimento por via aérea também teve de ser praticamente suspendido. Finalmente, para pôr termo ao "inacreditável sofrimento do povo", ele sugeriu, "como soldado, tentar furar o cerco inimigo e sair da cidade".

Antes mesmo de Hitler ou Krebs poderem manifestar-se frente ao exposto, Goebbels "atacou-me, empregando expressões fortíssimas e tentando ridicularizar muito do que eu havia exposto com toda a convicção", segundo as anotações de Weidling. Krebs deixou a decisão para Hitler, que "após pensar demoradamente", resumiu, mais uma vez, as objeções com as quais ele também havia, até então, recusado aceitar as reivindicações de retirada do 9º Exército. "Sustentar a todo custo!", havia sido o lema preconizado por ele durante todas as operações defensivas em todos aqueles anos; uma retirada não passava de uma derrota disfarçada. Mesmo que a sugestão de Weidling fosse bem-sucedida, resumiu o general as palavras de Hitler, "sairíamos de um cerco para entrar em outro. Ele, o *Führer*, teria, então, de ficar por aí, sob o vasto céu, ou trancar-se em uma fazenda ou algo parecido, esperando o fim chegar".

Quanto ao mais, Hitler parecia temporariamente ausente, como se outra coisa tivesse prioridade. Na verdade, seu ódio sem limites procurava, como sempre, uma vítima. Durante as deliberações sobre a traição de Himmler, o nome de Hermann Fegelein, que pertencia ao círculo de confiança do comandante-em-chefe da SS, foi mencionado várias vezes. Segundo consenso geral, tratava-se de pessoa de "caráter absolutamente corrompido", à qual tanto faltavam escrúpulos quanto sobrava charme, atributos que utilizou para abrir caminho e aproximar-se de Hitler a ponto de desposar, no verão de 1944, a irmã de Eva Braun, Margarete, numa cerimônia acompanhada de uma promoção para general-tenente do braço armado da SS. Em 26 de abril, ele abandonou o *bunker* sem deixar explicações e foi para sua residência, na Bleibtreustrasse, 4, perto da Kurfürstendamm. Dois dias antes, ele teria dito ao general da SS Hans Jüttner que "decidira não ter a intenção de morrer em Berlim". Agora ele telefonava, completamente embriagado, para Eva Braun — a quem já cortejara descaradamente no Obersalzberg, sendo o dom-juan que era — e procurava fazê-la mudar de idéia.

Ela não devia pensar duas vezes, dizia Fegelein, devia, isso sim, juntar-se a ele em vez de ficar no *bunker* aguardando morte certa: "Eva, você tem de deixar o *Führer*. Não seja burra, agora é questão de vida ou morte."

Quando Hitler tentou falar com ele no decorrer de 27 de abril, Fegelein havia desaparecido. Ele ignorara a ordem do chefe do Serviço de Segurança do Império, o general-major da SS Johann Rattenhuber, de comparecer imediatamente à

"Um caráter absolutamente corrompido", teria dito Albert Speer, como muitos outros, sobre o general da SS Hermann Fegelein. O elegante cavaleiro e carreirista inescrupuloso havia preparado meticulosamente sua ascensão ao círculo de Hitler. No verão de 1944, casou com a irmã de Eva Braun, Margarete. Mesmo assim, Hitler mandou executá-lo em 29 de abril de 1945. A foto mostra Fegelein (*centro*) com Margarete e Eva Braun.

Chancelaria. Por isso, um grupo da escolta do *Führer* foi enviado para buscá-lo. Segundo os boatos que circulavam no *bunker*, Eva Braun, que há muito se sentia lisonjeada com as investidas do cunhado, teria ligado exasperada para a Bleibtreustrasse, porém, todo o seu empenho para dissuadi-lo a voltar foi em vão. Ele chegou a dispensar o primeiro comando com escárnio arrogante. Somente na segunda convocação, feita pelo diretor criminal do Serviço de Segurança do Império, Högl, o ainda alcoolizado general da SS, que, segundo foi reportado com indignação, encontrava-se em companhia de uma jovem ruiva, foi convencido a voltar à Chancelaria. Durante o percurso, quando o piloto-chefe de Hitler, Hans Baur, disse que sua conduta levantava a suspeita de deserção, recebeu a seguinte resposta: "Se isso é tudo, então me mate!"

Fegelein só dissera isso, entretanto, por leviandade e descaramento audaz, típicos de um carreirista mimado pelo sucesso. Para sua surpresa, viu-se degradado antes mesmo do primeiro interrogatório. Quando Mohnke explicou que ainda perderia todas as ordens e condecorações que lhe haviam sido conferidas, ele mesmo arrancou as insígnias do ombro, começou a gritar indignado e a insultar Mohnke e os dois oficiais da SS que o acompanhavam. Ninguém mais do que o próprio líder da SS era responsável por ele, gritou, portanto só responderia na presença de Heinrich Himmler. Sua exigência seguinte, ser levado perante Hitler, foi-lhe negada pelo próprio, que disse não querer vê-lo. Ainda assim, parece que o *Führer* pensou em colocá-lo no comando de uma das unidades de Mohnke. Mas Bormann e Otto Günsche convenceram-no de que Fegelein aproveitaria a primeira oportunidade para "dar no pé", de forma que Hitler convocou um tribunal militar. Inutilmente, Eva Braun pediu para poupar o cunhado, visto a irmã estar para dar à luz em breve. Hitler negou o pedido em tom tão brusco que ela se submeteu dizendo: "Você é o *Führer*!"

O Tribunal Sumário convocado por Mohnke, entretanto, entrou em recesso devido ao "continuado estado alcoolizado do acusado", e Fegelein voltou à cela para curar-se da bebedeira. No dia seguinte, ele foi submetido a "intenso interrogatório" conduzido pelo chefe da Gestapo, Heinrich Müller, nos porões da igreja Dreifaltigkeit, próxima ao *bunker*. Foi então que chegou a notícia da traição de Himmler e, de repente, não seria mais apenas a pequena mala cheia de jóias e divisas encontrada em sua residência que selaria o seu destino. Mais que isso, ao revistarem seu escritório no porão da Chancelaria, encontraram uma pasta com documentos que comprovavam que o homem de confiança de Himmler tinha conhecimento dos contatos que ele mantinha, há tempos, com o conde Folke Bernadotte.

Indignado, Hitler ordenou que Fegelein fosse executado sem processo. Pouco antes da meia-noite, alguns membros do Serviço de Segurança tiraram-no da cela do *bunker*, onde estava preso e, enquanto gritava de raiva em total ignorância, foi baleado ainda no corredor ou na saída para o jardim. Como o pelotão de fuzilamento não tivesse voltado em questão de minutos após dada a ordem, Hitler, cuja sede de vingança era incontrolável, não parava de requerer o informativo sobre a execução. "Pobre, pobre Adolf", repetia Eva Braun, que tinha seus próprios motivos para sentir saudades do morto, "todos o abandonaram, todos o traíram!"

Foi nesse momento que Hitler convenceu-se, finalmente, de que era chegada a hora de dar um basta e, como sempre quando se resolvia após longa deliberação, tomava uma decisão após a outra, sem hesitar. À meia-noite, mandou preparar, com urgência, a pequena sala de cartas para a realização de uma cerimônia civil. Quando descobriram que um oficial de justiça que havia trabalhado temporariamente no escritório do distrito de Goebbels servia em uma das unidades de colunas civis estacionadas próximo dali, buscaram-no com um tanque e pediram-lhe que realizasse o casamento entre o *Führer* e Eva Braun. Goebbels e Bormann foram as testemunhas. Levando em consideração as formalidades e devido à situação, o par solicitou um casamento *in extremis* e declararam, em seguida, que ambos eram "de pura ascendência ariana e livres de doenças genéticas".

Assim que os requerimentos foram autorizados, o juiz de paz dirigiu-se aos noivos e perguntou-lhes se estavam dispostos a contraírem matrimônio. Quando ambos responderam afirmativamente, ele os declarou "marido e mulher perante a lei". No momento de assinar a certidão de casamento, Eva Braun estava tão confusa que começou a assinar seu nome de solteira, assim que percebeu, riscou a inicial "B" e assinou "Eva Hitler, nascida Braun". Em seguida, retiraram-se, na companhia dos generais Krebs e Burgdorf, de alguns assistentes, do coronel Nicolaus von Below e das secretárias, para beber algo em comemoração e relembrar os velhos tempos. Assim que a notícia do casamento de Hitler começou a circular, muitos dos que haviam encontrado abrigo no andar superior do *bunker* decidiram imitar o *Führer* e, no decorrer daquela noite, vários casamentos foram realizados. Dr. Werner Naumann, secretário de Estado no Ministério da Propaganda, ajudou na função de juiz de paz.

A idéia de mau gosto de fazer do casamento um duplo suicídio, como se Hitler temesse uma mortalha ilegítima, foi o provável marco de sua rendição definitiva. Como *Führer*, ele explicara diversas vezes, não era possível ter um vínculo pessoal com outro ser humano: na noção estatutária que ele tinha de seu papel, não havia lugar para imagens de um lar com família. Ele estava abrindo mão dessa exigência agora, junto com a crença de estar predestinado para uma missão especial. De fato, na roda de convidados, chegou a afirmar que era o fim da idéia do nacional-socialismo e que ela jamais renasceria. Ele estava encarando a morte como uma liberação. Deixou, então, os convidados para ditar sua última vontade.

Hitler redigiu seu testamento político e pessoal. No primeiro, prevaleciam protestos de sua inocência, desde acusações contra os "chefes de Estado, que eram ou de origem judaica, ou trabalhavam em prol dos interesses judeus", a censuras aos "indivíduos deslumbrados e sem caráter" que traíram a própria causa. Mais uma vez, justificou sua decisão de permanecer na capital do Império e "de livre e espontânea vontade... escolher a morte". Sob nenhuma circunstância, ele queria "cair nas mãos do execrável inimigo, que precisava de um espetáculo novo, encenado pelos judeus, para divertir as massas instigadas".

O *Führer* nomeava como seu sucessor, na liderança do Estado e do exército, o almirante supremo Karl Dönitz. Com a advertência de que o código de honra da Marinha desconhecia até mesmo a idéia de rendição, ele ainda ordenou que continuasse com a luta inclusive após a sua morte, até o colapso final. Ele expulsou Göring e Himmler do Partido e exonerou-os de todas as funções, além de convocar um novo governo, com Joseph Goebbels como chanceler e Martin Bormann, ministro do Partido. No final, apelou para a lealdade e obediência de todos os alemães "até a morte". Na frase derradeira, retomou sua obsessão, que era, literalmente, seu fantasma: "Acima de tudo, exijo da cúpula e de todos seus sequazes a penosa manutenção das prescrições da raça e

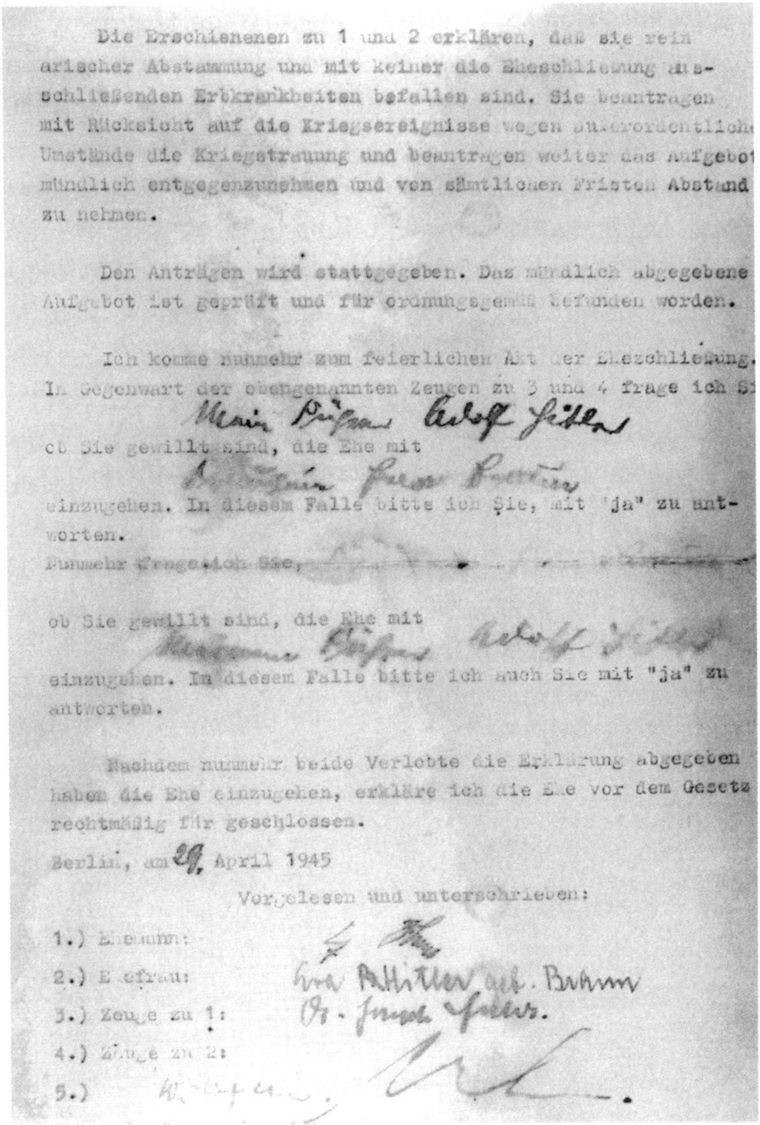

Die Erschienenen zu 1 und 2 erklären, daß sie rein arischer Abstammung und mit keiner die Eheschliessung ausschließenden Erbkrankheiten befallen sind. Sie beantragen mit Rücksicht auf die Kriegsereignisse wegen außerordentlicher Umstände die Kriegstrauung und beantragen weiter das Aufgebot mündlich entgegenzunehmen und von sämtlichen Fristen Abstand zu nehmen.

Den Anträgen wird stattgegeben. Das mündlich abgegebene Aufgebot ist geprüft und für ordnungsgemäß befunden worden.

Ich komme nunmehr zum feierlichen Akt der Eheschließung. In Gegenwart der obengenannten Zeugen zu 3 und 4 frage ich Sie

Mein Führer Adolf Hitler

ob Sie gewillt sind, die Ehe mit

Fräulein Eva Braun

einzugehen. In diesem Falle bitte ich Sie, mit "ja" zu antworten.

Nunmehr frage ich Sie,

ob Sie gewillt sind, die Ehe mit

Mein Führer Adolf Hitler

einzugehen. In diesem Falle bitte ich auch Sie mit "ja" zu antworten.

Nachdem nunmehr beide Verlobte die Erklärung abgegeben haben die Ehe einzugehen, erkläre ich die Ehe vor dem Gesetz rechtmäßig für geschlossen.

Berlin, am 29. April 1945

Vorgelesen und unterschrieben:

1.) Ehemann:

2.) Ehefrau: Eva B Hitler geb. Braun

3.) Zeuge zu 1: Dr. Joseph Goebbels.

4.) Zeuge zu 2:

5.)

A certidão de casamento de Hitler, com as assinaturas do casal e o engano cometido por Eva Braun ao assinar.

a resistência impiedosa contra o veneno mundial de todos os povos, o judaísmo internacional."

O testamento pessoal de Hitler era bem mais curto. Nele, justificava sua decisão de "desposar a moça que, após longos anos de fiel amizade, foi para a cidade quase totalmente cercada por vontade própria, para compartilhar seu destino com o meu". Além disso, fez alguns acertos sobre sua herança e nomeou "meu mais fiel companheiro de partido, Martin Bormann", para ser o testamenteiro. O documento encerrava com as seguintes palavras: "Eu mesmo e minha esposa escolhemos a morte para evitar a desonra da destituição ou da capitulação. É nosso desejo sermos cremados, imediatamente, no lugar onde passei a maior parte do meu dia-a-dia profissional, no decorrer destes 12 anos, a serviço de meu povo." Ainda de manhã, três mensageiros partiram, cada qual com uma via tanto da certidão de casamento quanto da disposição testamentária de Hitler. Um conjunto era destinado a Dönitz; outro, ao marechal-de-campo Schörner; e o terceiro, à central do partido em Munique.

Goebbels entregou um "Aditamento ao testamento político do *Führer*" a um dos mensageiros, o chefe da Agência de Notícias Alemã, Heinz Lorenz, pouco antes de este deixar o *bunker*. Nele, expunha a razão que o levou a ficar em Berlim. Seu motivo era muito humano, ele "jamais conseguiria desamparar o *Führer* nessas horas tão difíceis". No "delírio da traição" à sua volta, deveria haver pelo menos algumas pessoas que "ficam incondicionalmente ao seu lado até a morte". Ele acreditava que, como exemplo, estaria prestando o melhor serviço ao povo alemão. A carta terminava com as seguintes palavras: "É por esse motivo que expresso minha decisão, da minha mulher e dos meus filhos, que são jovens demais para se expressarem, mas que, se tivessem idade para fazê-lo, certamente concordariam. A resolução de não deixar a capital do Império é irrevogável; mesmo que Berlim venha a cair, prefiro terminar minha vida ao lado do *Führer*, pois, pessoalmente, ela não teria mais nenhum valor se não pudesse vivê-la a serviço dele, ao lado dele."

Em 29 de abril, um domingo ensolarado de primavera, a liderança do setor norte informou que a luta por casa no Centro de Berlim se desenrolava "dia e noite". A essa altura, só restavam em mãos alemãs a parte mais estreita do quarteirão do governo, o Jardim Zoológico, uma faixa delgada da estação de trem do Jardim Zoológico em direção oeste, até o rio Havel, bem como alguns pontos de apoio menores. A mensagem ainda falava de "motins" ao sul e de "determinação ferrenha", além de desmentir a notícia divulgada pela rádio de Munique de "que o *Führer* teria caído". Em uma conversa com Keitel pelo rádio, exigia-se novamente uma atitude "ofensiva rápida e persistente" enquanto se esperava de "Wenck, Schörner e outros que provassem através de socorro rápido sua lealdade para com o *Führer*". Logo depois, Krebs pediu uma ligação para Jodl, mas a conversa foi interrompida porque, como se constatou em seguida, o balão cativo responsável pela comunicação radiotelefônica do *bunker* havia sido abatido.

Durante o informe da tarde, Hitler solicitou a presença de Wilhelm Mohnke para receber um relatório sobre a situação mais recente no *front*. Mohnke abriu uma carta do Centro de Berlim e esclareceu secamente: "Ao norte, os russos encontram-se próximo à ponte Weidendammer. A leste, próximo ao Lustgarten. Ao sul, próximo à praça Potsdam e ao Ministério da Aeronáutica. A oeste, no Jardim Zoológico, a 300, talvez, 400 metros da Chancelaria." Ao perguntar quanto tempo Mohnke ainda conseguiria oferecer resistência, Hitler recebeu a seguinte resposta: "No máximo vinte a 24 horas, meu *Führer*, e é só."

Ao ouvir isto, Hitler ordenou ao segundo-sargento Fritz Tornow, responsável por sua pastora alemã Blondi, que a envenenasse. O animal não deveria cair nas mãos dos russos, afirmou, a simples idéia já o fazia passar mal. Mais importante, evidentemente, era testar os efeitos do ácido cianídrico, que havia sido distribuído em turnos naquelas semanas. Desde a traição de Himmler, ele não tinha mais certeza se o veneno fornecido pela SS teria o efeito imediato que lhe convinha. Quando Tornow quebrou a ampola com um alicate sobre a boca aberta do animal, este tombou para o lado "como se tivesse sido atingido por um raio". Não demorou muito e Hitler dirigiu-se à saída do *bunker* para "despedir-se da cadela", segundo uma testemunha. Quando retornou ao abrigo, outra testemunha disse que ele parecia com "sua própria máscara mortuária" e que "em silêncio [...] trancou-se em seus aposentos". Enquanto isso, Tornow também atirava nos cinco filhotes, perto da saída para o jardim.

No *bunker*, um silêncio vazio e estranho se espalhava. Quem quer que tivesse de se apresentar para trazer ou levar uma mensagem, fazia-o com celeridade para sair o mais rapidamente possível daquele lugar. "Todos tinham medo de ficar lá embaixo", confidencia o telefonista do *bunker*, Rochus Misch, em suas anotações; o ambiente parecia com "um ataúde". Os participantes regulares dos informes estavam sentados sem saber o que fazer, e dedicavam-se a desenvolver jogos de táticas fantásticas. Praticamente nenhum deles acreditava que qualquer tipo de operação razoavelmente organizada ainda seria possível; a bem da verdade, a maior parte das unidades já havia organizado suas defesas independentemente das ordens vindas do *bunker*.

Aqueles que não eram requisitados deixavam, de tempos em tempos, o corredor abafado, nem que fosse para escapar da angústia daquele buraco. Eles subiam para o pré-*bunker* ou atravessavam para o subsolo da Chancelaria. Uma parte dos recintos havia sido liberada para o grupo de guarda-costas responsáveis pela segurança e para os que vinham das imediações atrás de proteção. Em uma das alas maiores, foi improvisado um hospital que abrigava mais de trezentos feridos graves. Dois médicos, junto com enfermeiras e ajudantes corriam de um lado para o outro tratando dos pacientes. Enquanto alguns se ocupavam em realizar uma operação em volta de uma mesa manchada de sangue, outros carregavam os mortos ou membros amputados em grandes tinas, abrindo caminho pelo empurra-empurra até a saída do *bunker*. E, nesse meio, havia inúmeros serventuários, oficiais administrativos ou altos funcionários que, em função dos leais serviços prestados ao regime, reivindicavam proteção especial, proporcional ao posto que ocupavam. Os acessos à saída superlotados eram como bastidores negros para "aquela sensação de fim de mundo", segundo um dos relatos, onde "todos tentavam anestesiar suas desgraças com álcool. Os melhores vinhos, licores e iguarias eram tirados dos estoques de mantimentos". Por outro lado cada qual se via aqui, onde quer que fosse, envolvido em uma conversa sobre "quando e como cada um deveria suicidar-se", e um dos moradores do *bunker* descreveu-se como "morador de um necrotério", no qual os mortos faziam de conta que ainda estavam vivos.

Às dez e meia, aproximadamente, houve uma comoção súbita na sala de conferências. Um ordenança chegou anunciando a notícia da morte de Mussolini, ouvida por acaso quando estavam escutando o rádio de ondas curtas. Dois dias antes, o *Duce*, junto com sua amante, Clara Petacci, foram capturados num vilarejo perto do lago de Como e, no dia seguinte, sem mais delongas, executados. Mas o que realmente preocupou Hitler foram os rumores sobre o que aconteceu depois. Diversas vezes, ele havia mencionado sua preocupação no caso de ser preso pelos russos, levado a Moscou, colocado numa jaula de macaco e virar atração para a plebe enfurecida, como se fosse um "boneco de cera". Agora, o fim de Mussolini não só trazia novamente essa imagem de horror, bem como a fortalecia, pois os corpos haviam sido transportados para Milão e, num posto de gasolina na praça Loreto, foram pendurados de cabeça para baixo, enquanto uma multidão aos gritos os espancava, cuspia neles e atirava pedras.

Essa informação atormentou a roda que continuava aguardando no vazio. Ainda à noite, como se contasse novamente com a salvação da capital, Hitler ordenou que fosse feito contato radiofônico com Jodl e transmitida uma mensagem que se resumia a cinco perguntas desesperadas: "Quero receber, imediatamente, respostas às seguintes perguntas: 1) Qual a localização das tropas avançadas de Wenck? 2) Quando atacarão? 3) Onde se encontra o 9º Exército? 4) Em que direção o 9º Exército atravessará o cerco? 5) Onde se encontram as tropas avançadas de Holste?"

As horas passavam sem que chegasse uma resposta e, quando o resto de confiança ia se desvanecendo em monossílabos, Hitler levantou-se de repente e foi à sala de conferências para despedir-se dos seus colaboradores mais próximos. Goebbels havia ido com a mulher; Burgdorf e Krebs estavam lá, e ainda Mohnke, Rattenhuber e Hewel, além das secretárias, a cozinheira que cuidava da dieta de Hitler, senhorita Manziarly, e patentes mais altas da SS; ao todo eram vinte pessoas. Hitler deu a mão a cada uma delas e também sussurrou comentários pessoais a algumas, embora eles fossem praticamente inaudíveis com o barulho das máquinas que forneciam energia e ar fresco ao *bunker*. Dirigindo-se a todos, disse que não queria cair nas mãos dos russos e, portanto, havia decidido pôr fim à própria vida. Exonerava-os, ainda, do juramento que lhe haviam prestado e esperava que alcançassem as linhas inglesas ou americanas. A Rattenhuber disse que ficaria no lugar destinado a ele na Chancelaria do Império e manteria "lá a guarda para todo o sempre".

Por volta das três da madrugada, chegava, finalmente, a tão esperada resposta de Keitel e Jodl. Imitando o estilo de Hitler enumerar suas perguntas, o relatório resumiu-se a quatro frases lacônicas: "1) As tropas avançadas de Wenck encontram-se presas ao sul de Schwielowsee. 2) O 12º Exército não pode, portanto, continuar sua ofensiva sobre Berlim. 3) O 9º Exército em peso está cercado. 4) O Grupo Holste foi empurrado para a defesa." Havia ainda uma frase que descrevia a falta de esperança na situação: "Ofensivas sobre Berlim não progrediram em nenhum ponto."

Na manhã seguinte, 30 de abril, às cinco horas a artilharia pesada interrompeu o sono dos moradores do *bunker*. Por volta das seis, a presença de Mohnke foi requisitada. Hitler estava sentado na cadeira ao lado da cama, de roupão e chinelos, tresnoitado. Calmo, olhou para o oficial e perguntou-lhe quanto tempo ainda agüentaria. Quando Mohnke respondeu: "Não mais que algumas horas, porque, embora tenhamos conseguido interromper seu avanço temporariamente, os russos já nos cercaram e só faltam algumas centenas de metros antes de chegarem", Hitler afirmou que as democracias ocidentais estavam em decadência e que seriam subjugadas pelos povos governados com rigor e sem desgaste do Leste Europeu. Ele apertou a mão do oficial e disse: "Tudo de bom! Sou-lhe grato. Não foi apenas pela Alemanha!" Às sete horas, Eva Braun apareceu na saída do *bunker* para "ver o sol mais uma vez", segundo haveria dito a um dos vigias, e, pouco depois, o próprio Hitler apareceu na penumbra, à meia-luz da escadaria. Mas, quando a artilharia começou a se intensificar, ele retornou de um dos degraus superiores e desapareceu na escuridão.

Em torno do meio-dia, o último informe teve lugar. O general Weidling informou que as tropas soviéticas haviam começado a ofensiva contra o Parlamento e algumas tropas avançadas haviam invadido o túnel perto da Vosstrasse, muito próximo à Chancelaria. Visto as unidades não reportarem mais, ele baseara suas informações nos informes de rádios estrangeiras, como já havia acontecido antes. A cidade não tinha mais como se defender, disse ele. Quando acrescentou que talvez o *Führer* devesse tentar "sair daqui" e chegar ao exército de Wenck, perto de Potsdam, Hitler respondeu que seria inútil: "Além disso, ninguém mais cumpre minhas ordens." Weidling solicitou, então, instruções para o caso de não haver mais nenhuma reserva de munição, ao que Hitler retorquiu que jamais capitularia e o proibia de fazê-lo, bem como a todos os comandantes de tropas, e retirou-se com o general Krebs para um conclave. Somente agora, depois de há muito passada a hora, ele autorizava a retirada de determinadas unidades, coisa que havia recusado a todas as tropas durante as semanas anteriores. Um pouco mais tarde, Weidling recebeu a última "Ordem do *Führer*", que dizia o seguinte:

"No caso de falta de munição e alimentos, os defensores da capital do império têm minha permissão para recuarem.

Eles devem retirar-se em grupos menores e procurar integrar-se a tropas ainda em combate. Caso essas tropas não sejam encontradas, os grupos devem manter resistência nos bosques."

Quando terminou a reunião, Hitler foi o último a deixar a sala de conferências. Ao se aproximar de Otto Günsche, repetiu-lhe que não queria cair nas mãos dos russos, nem vivo nem morto. Ele poria fim à sua vida e a "senhorita Braun" faria o mesmo, disse ele, persistindo de forma característica em seu nome de solteira. Queria ser cremado e "permanecer desaparecido para sempre" e fez Günsche prometer que tomaria as providências necessárias para eliminar todos os vestígios de seus restos mortais. Essa ordem lhe era tão imperativa que chegou a colocá-la no papel. O executor entrou em contato, imediatamente, com o motorista de Hitler, Erich Kempka, que tinha seu escritório na ala subterrânea da garagem, perto da Chancelaria, e ordenou-lhe que conseguisse a maior quantidade disponível de gasolina, o mais rapidamente possível e, caso necessário, deveria tirá-la dos tanques dos carros estacionados. Quando Kempka perguntou qual o destino daquela gasolina, Günsche respondeu-lhe que não diria nada por telefone. Pouco depois, esgueirando-se nas saliências dos prédios e escondendo-se atrás de montes de terra para protegerem-se, alguns soldados da SS chegaram, sob intenso fogo inimigo, trazendo algumas latas de gasolina, que deixaram no pré-*bunker*.

Às duas horas da tarde, Hitler fez a última refeição na presença das secretárias e de sua cozinheira, senhorita Manziarly. Após as numerosas explosões e acessos de cólera dos últimos dias, ele parecia ter reencontrado a calma e o controle. Uma de suas secretárias descreveu o pequeno grupo ao redor da mesa, na sala de estar de Hitler, como "o banquete da morte". Na noite anterior, ele já lhe dera um cartucho de cobre, no qual ficavam as ampolas de veneno, e dito que bem sabia que esse era um presente de despedida muito miserável. Contrário às expectativas, Eva Braun não apareceu.

Com as palavras "Está na hora, acabou", Hitler levantou-se logo da mesa e foi ter com Goebbels. O homem que se autodefinia como o "último dos fiéis", assim que viu a proximidade da morte, deixou as juras de honra e colapso de lado e, de repente, começou a insistir para que Hitler deixasse Berlim. Este, por sua vez, começou a repetir, mais uma vez, os argumentos que, em parte, haviam sido fornecidos pelo próprio Goebbels, e parece ter-lhe feito a mesma pergunta com a qual conseguia calar a todos que tentavam convencê-lo nesses últimos dias: Para onde ele iria? Porque, afinal, não pretendia "acabar sucumbindo por aí, pelas ruas". E finalizou: "Doutor, o senhor conhece minha decisão. E está decidido!" Por outro lado, ele finalizou deixando a Goebbels a decisão de deixar a cidade em companhia da mulher e dos filhos. Nesse momento, no entanto, Goebbels se opôs ao *Führer*, certificando-o de que não o abandonaria.

Uma despedida seguia-se à outra. Ao acompanhar Goebbels e sua mulher, que havia chegado nesse ínterim, à porta, Hitler deparou-se com seu ordenança pessoal, Heinz Linge. Linge viera despedir-se e Hitler disse-lhe que deveria tentar, junto com os outros, partir em direção oeste. Para quê e por quem ele deveria se bater em alguma direção, perguntou o humilde criado, ao que Hitler respondeu: "Para o homem do futuro!" Após dizer algumas palavras sobre lealdade e como ela sobrevive à morte, o ordenança bateu continência e Hitler voltou aos seus aposentos.

Pouco depois, ele retornaria, ao lado da mulher, ao corredor em frente à sala de conferências. Vestindo o uniforme simples, com a cruz de ferro no peito esquerdo e a insígnia de ferido de guerra recebida durante a Primeira Grande Guerra, ele se apresentou diante dos colegas mais próximos, que se haviam reunido, desta vez, para uma despedida oficial. Goebbels, sua mulher e Bormann estavam posicionados no início da fila, seguidos pelos generais Krebs e Burgdorf, o embaixador Hewel, bem como o oficial da marinha no quartel-general, vice-almirante Hans-Erich Voss, elo entre a marinha e o *bunker*. No final da fila estavam Rattenhuber, Günsche, Högl e Linge, além das secretárias. Após haver percorrido a fila ao lado da mulher, respondendo brevemente às palavras ora formais e curtas, ora emotivas, ele voltou só para seus aposentos, enquanto Eva Braun ainda foi conversar um pouco com Magda Goebbels. No pré-*bunker*, já se reuniam alguns oficiais da SS, do comando de escolta do *Führer*, chamados por Günsche.

Ainda não se sabe com certeza se Hitler mandou chamar o piloto Hans Baur antes ou depois da despedida oficial. Quando este chegou com seu substituto, Georg Betz, Hitler encerrou suas mãos nas dele, agradeceu-lhe os anos de dedicação e, em seguida, discorreu novamente sobre a covardia e a traição que lhe reservaram esse fim; ele não agüentava mais. Baur tentou, ainda uma última vez, convencê-lo a partir, certificando-o de que havia aviões com autonomia para vôos de até 11 mil quilômetros, prontos para decolar e levá-lo a um dos países árabes, para a América do Sul ou até para o Japão, mas Hitler recusou meneando a cabeça: era hora de dar um basta. Era necessário ter a coragem de tirar as conseqüências. Já no dia seguinte, disse, milhões de pessoas o amaldiçoariam. "Mas o destino assim o quis."

Depois, pediu a Baur que providenciasse a incineração dos corpos, pois "os seus restos mortais e os de sua mulher não podiam cair nas mãos daqueles porcos", como havia acontecido com Mussolini. Antes de se separarem, Hitler presenteou-o com o quadro de Frederico, o Grande, pintado por Anton Graff, com o qual vinha conversando com freqüência durante as últimas semanas, perdido em pensamentos. Uma noite, o telefonista do *bunker* ficou observando-o enquanto fitava o quadro como que "em transe", sentado em sua sala, iluminado pela chama de uma vela que se movimentava com a corrente que vinha da entrada de ar. Quando Baur ia se retirar, Hitler voltou aos pensamentos originais. Na lápide, deveria haver as palavras: "Foi vítima de seus generais."

Mais uma vez, o fluxo dos acontecimentos foi interrompido. De repente, surgiu uma Magda Goebbels "aos prantos" em cena e pediu, "extremamente nervosa", para ter uma palavra com o *Führer*. Hitler estava visivelmente irritado com o fato, mas deixou-se convencer por Günsche a receber aquela mulher desesperada. Como admiradora fervorosa de Hitler, Magda Goebbels já havia decidido há muito tempo que, chegado o momento extremo, ela terminaria com sua vida e a dos filhos. Todas as tentativas de dissuadi-la de fazê-lo haviam sido em vão; até mesmo a insistência do próprio Hitler deparou-se com uma negativa fanática. Ela argumentara que não poderia deixar seu marido morrer sozinho e, se ela o seguisse rumo à morte, as crianças também teriam de morrer. Nesse meio-tempo, entretanto, tanto ela quanto o próprio Goebbels começaram a hesitar. Alterada, ela procurava convencê-lo uma última vez a deixar Berlim, enquanto o marido permanecia do lado de fora. Mas, agora, Hitler não tinha mais o mínimo interesse no assunto. Lacônico, negou-lhe o pedido e, "depois de aproximadamente um minuto", segundo o relatório de Günsche, ela "se retirou, chorando". Artur Axmann também veio correndo e queria falar urgentemente com o *Führer*, mas Günsche deu-lhe a entender que tinha ordens expressas para não deixar ninguém passar.

Alguns retratos do *entourage* de Hitler nos últimos dias: (*da esquerda para a direita*) Johann Rattenhuber, general da SS e chefe do Serviço de Segurança do Império, um comando de cerca de 250 homens para a proteção pessoal de Hitler. Otto Günsche, assistente pessoal de Hitler. Na página seguinte: Heinz Linge, criado de Hitler. Por último, Gertraud, ou "Traudel", Junge, uma das quatro secretárias que ficaram no *bunker* até o fim.

Como nos dias anteriores, um silêncio pesado começava a tomar conta do *bunker*. Por toda parte, havia ou pessoas solitárias ou pequenos grupos simplesmente aguardando. Entretanto, parecia que essa vida ditada, na maior parte do tempo, por decadentes idéias dramatúrgicas não podia chegar ao fim sem um efeito impactante. Portanto, tinha início na cantina do pré-*bunker*, um baile, no qual se esvaíam todas as tensões dos moradores do abrigo. Todas as regras disciplinares rigorosamente seguidas desde o início, embora visivelmente negligenciadas nos últimos dias, iam por terra naquela sensação dominante de alívio e finalização ao mesmo tempo. Os alto-falantes ecoavam música alegre que alcançava até o canto mais distante do labirinto subterrâneo, por mais que parecesse vir de muito longe. Um ordenança foi enviado para cima a fim de restabelecer o silêncio, pois o

Führer estava para morrer. Mas nenhum dos que estavam na cantina, em sua maioria ébrios, levou a ordem a sério, e a farra continuou.

O que aconteceu depois, jamais foi esclarecido por completo. Algumas testemunhas informam ter ouvido um único tiro, por volta de três e meia. A secretária Gertraud Junge, que, logo depois de despedir-se de Hitler, estava indo ao andar superior para fugir do aperto, abafamento e ambiente melodramático do andar de baixo, acabou encontrando os filhos de Goebbels, que haviam se perdido, num dos patamares da escadaria. Ela preparou algo para comerem, leu algumas historinhas para que se distraíssem e tentou responder a perguntas apavoradas, que não paravam de surgir. De repente, ouviu-se um tiro, lembrou ela, e Helmuth, de nove anos, teria gritado, alegre: "Na mosca!" Outras testemunhas, em contrapartida, afirmaram que o constante estampido dos motores diesel e o zumbido dos ventiladores abafavam qualquer ruído perceptível.

De qualquer forma, tanto na grande quanto na pequena sala de conferências, o grupo que havia se despedido do

Führer aguardava numa inquietação contida com dificuldade, até que Linge, que havia procurado consolo em algumas doses de *schnapps* nas dependências do vigia, entrou na antesala dos aposentos de Hitler. Assim que sentiu o cheiro de pólvora, ele se dirigiu ao corredor e disse a Bormann: "Senhor secretário, aconteceu!"

Então, ambos, seguidos de Günsche, entraram no recinto contíguo. Hitler, afundado no sofá florido, tinha os olhos abertos e a cabeça ligeiramente pendida para a frente. Na têmpora direita havia um buraco do tamanho de uma moeda, do qual havia escorrido um filete de sangue que descia pela face. No chão, encontrava-se uma pistola Walther, calibre 7.65mm. Embaixo, havia uma poça, e a parede de trás estava coberta de respingos de sangue. Em um vestido azul, com as pernas encolhidas e os lábios azulados e apertados, sua mulher encontrava-se ao seu lado, tendo a própria pistola em cima da mesa à sua frente, sem que houvesse sido disparada. Cheirava a fumaça de pólvora e amêndoas amargas. Alguns dos presentes afirmaram que Hitler, evidentemente, havia seguido o conselho do médico do *bunker*, Dr. Werner Haase, e mordido uma ampola de ácido cianídrico ao mesmo tempo que dava um tiro na têmpora, ou, de acordo com outra versão, na boca. O general da SS Rattenhuber, por sua vez, havia concluído do que se comentava que Hitler haveria apenas ingerido veneno e, posteriormente, fora baleado por outra pessoa, seguindo ordens prévias. Não há mais como saber o que realmente aconteceu.

Em vista da urgência da situação, Günsche, após instantes paralisado e perdido em pensamentos, dirigiu-se à sala onde se encontravam os demais, bateu ligeiramente com os saltos e disse: "Comunico: o *Führer* está morto!" Impassíveis, Goebbels, Krebs, Burgdorf e os outros seguiram-no para o escritório de

Hitler, onde Linge já estava enrolando o morto em um cobertor. Junto com Högl, carregou o corpo para a grande sala de conferências, por entre as alas formadas pelo escasso grupo fúnebre, enquanto, segundo alguns testemunhos, suas pernas pendiam para fora do cobertor e balançavam de um lado a outro, sem vida. Atrás, Bormann seguia com o corpo da mulher.

O primeiro a recobrar a voz foi Goebbels. Ele disse que subiria naquele instante para ir ao seu Ministério na Wilhelmplatz e o circundaria, quantas vezes fosse necessário, até que um tiro lhe tomasse a vida. Enquanto todos discutiam o acontecido e o que estava por vir, numa comoção tingida de culpa, o responsável pelo parque de viaturas, Erich Kempka, irrompeu na sala. Completamente alheio ao que se passava, pediu explicações a Günsche sobre aquela confusão e perguntou-lhe se havia "enlouquecido" ao solicitar a entrega de latões de gasolina em meio ao fogo cerrado da artilharia. Quando Günsche o puxou para o lado e, ainda visivelmente chocado, disse: "O Chefe está morto!", Kempka fitou-o desconcertado. "Como isso pôde acontecer?", perguntou ele, de acordo com seu próprio relato. "Ainda ontem conversei com ele! Estava bem de saúde e falante!"

Após refazer-se do choque inicial, Kempka juntou-se ao cortejo ao pé da escada, que conduzia o corpo de Hitler para cima, enquanto Günsche se responsabilizava pelo da mulher. Na saída para o jardim, houve certa demora porque os impactos dos tiros sempre repeliam Linge, Högl e os demais. Depois de várias tentativas, finalmente conseguiram deitar os corpos a alguns metros de distância do *bunker*. Em seguida, Bormann aproximou-se e afastou o cobertor do rosto de Hitler, fitando-o assim por mais alguns segundos para depois abrir caminho na confusão da saída do abrigo. Apesar do fogo ininterrupto e das labaredas dos incêndios ao redor, e sob uma saraivada de estilhaços e de pedaços de pedra, além da terra levantada que se espalhava com o vento, conseguiram esvaziar sobre os mortos até dez latões da gasolina disponível. Começaram, então, a atirar fósforos acesos naquela direção, mas eles se apagavam em meio àquela tempestade de fogo. Günsche já providenciara uma granada para, finalmente, dar prosseguimento ao evento, mas Linge tirou alguns formulários da dobra da manga e amassou-os de forma a fazer uma tocha. Assim que o fogo cedeu um pouco, ele acendeu o archote e lançou-o com força na direção dos corpos.

Após o barulho surdo da gasolina pegando fogo, uma labareda enorme alcançou altura enquanto o séqüito mantinha posição de sentido. Entraram no *bunker* e, um após o outro, fizeram a saudação suástica no topo da escadaria, com a porta temporariamente fechada. Uma fumaça negra e entulho levantado pelo vento embrulharam a pira e, a última visão que tiveram pela porta entreaberta era dos corpos primeiramente encolhendo e, depois, de alguns membros se revolvendo de forma fantasmagórica na brasa.

Ao mesmo tempo, as tropas soviéticas avançavam em direção ao Parlamento, encontrando pertinaz resistência da defesa. Por algum motivo desconhecido, que estava relacionado de forma obscura ao incêndio do prédio em finais de fevereiro de 1933, e ao processo que se seguiu contra os acusados, supostos comunistas incendiários, o comando soviético não escolhera nem a Chancelaria nem a Porta de Brandemburgo para ser o "Símbolo de Berlim", e sim, a ruína desabitada na Königsplatz. Já às margens do Oder, bandeiras especiais foram distribuídas a diversas unidades para comemorar a conquista do "Kremlin alemão".

Ainda na alvorada, as tropas soviéticas deram início ao ataque contra o prédio murado por todos os lados, mas foram detidas, principalmente, pela fuzilaria que vinha das ruínas da Krolloper, próximas ao Parlamento. Com grande quantidade de tanques, canhões e lançadores de foguetes, que haviam sido posicionados nos andares mais altos do Ministério do Interior, do lado oposto da rua, eles repetiram o ataque no decorrer da manhã, sem conseguir chegar além da abertura do túnel ferroviário, que estava inundado. Outro ataque maciço da artilharia, previamente planejado, foi efetuado no meio do dia, mas também terminou em fracasso, de forma que o comando soviético decidiu esperar o anoitecer. Somente então, alguns poucos soldados conseguiram alcançar a escadaria do Parlamento e, com a ajuda de dois morteiros com os canos posicionados na horizontal, abrir uma entrada no muro. Não demorou muito e o *hall* de entrada estava repleto de unidades que avançavam, na maior escuridão, conquistando sala a sala, andar a andar.

Somente à meia-noite, horário de Moscou, o "Estandarte nº 5", do 69º Regimento de Guarda, que havia liderado o ataque ao Parlamento, foi içado ao telhado do prédio por uma escolta de soldados previamente escolhidos, pertencentes ao Partido Comunista soviético. Soube-se, depois, que alguns artilheiros já haviam fincado uma bandeira no prédio alguns minutos antes, mas seu feito foi declarado "inoficial". Inclusive a foto posterior do içamento da bandeira, tirada em plena luz do dia, é a que apresenta a "equipe oficial". Muito distante da verdade e num tom poético inconsistente, o relatório do comandante responsável, general Perevjorkin, relatava o seguinte: "Somente ao cair da noite, quando o sol começava a se pôr e, com seu raio avermelhado, iluminar todo o horizonte, dois de nossos soldados içaram a bandeira da vitória sobre a cúpula destruída pelo fogo."

Na verdade, a luta persistiu implacável até a tarde de 2 de maio, principalmente no labirinto formado pelos subterrâneos sob as ruínas, no qual as tropas soviéticas tateavam seu caminho na escuridão e, muitas vezes, eram vitimadas pelo fogo dos próprios colegas. Quando acabava a munição dos alemães, eles continuavam defendendo-se com facas, pás e coronhas de fuzis, numa luta corpo a corpo. Ainda que, próximo dali, na praça Paris, os trabalhos de remoção de entulho tivessem começado e, nos andares superiores do Parlamento, alguns soldados do Exército Vermelho estivessem riscando seus nomes nas paredes, aquela batalha de golpes e facadas não tinha chegado ao fim. Finalmente, quando chegaram as donas de casa convocadas para varrer o calçamento com galhos de bétula, as tropas soviéticas usaram lança-chamas no subterrâneo. Foi só então que a batalha chegou ao fim.

Mas não a guerra. A afirmação divulgada pelos soviéticos durante semanas de que a ocupação do Parlamento significaria o fim da guerra, se muito, tinha valor simbólico. Quando, em 30 de abril, o marechal Zhukov atormentou o general Tschuikov perguntando se os festejos do 1º de maio incluiriam, como previsto, a vitória sobre Berlim, ele recebeu a resposta que a persistente resistência, acirrada e imprevista, "não dava sinal de uma capitulação em breve". Os erros táticos frente às colinas de Seelow cobravam, novamente, seu preço.

Na parte da tarde, solicitaram mais gasolina a Rattenhuber, visto os corpos no jardim, perto da saída do *bunker*, ainda não terem queimado por completo. Mal chegou o combustível, algumas sentinelas subiram e esvaziaram as latas sobre os cadáveres, enquanto outras simplesmente jogaram as latas abertas em sua direção. Quando o subcomandante da SS

Hermann Karnau olhou para a pira, à noitinha, viu apenas dois esqueletos. Ao tentar empurrá-los com o pé para uma depressão no solo, eles se desfizeram, em toda a sua extensão, num monte rasteiro de cinzas. Inquieto, Karnau foi verificar o lugar mais uma vez, por volta das oito horas da noite, mas, como reportaria, "os flocos isolados já eram levados pelo vento".

O final continua incerto. Günsche garantiu que havia ordenado a um membro da SS para livrar-se dos restos de Hitler e Eva Braun-Hitler e, pouco tempo depois, este reportou o cumprimento da ordem. Mas, por mais incrível que possa parecer, nem ele nem qualquer um dos demais participantes certificaram-se pessoalmente do desfecho da ordem de incineração dada pelo próprio Hitler. Nem mesmo o general Baur, de quem Hitler obteve a promessa de que eliminaria todos os vestígios de seus corpos. Apenas Bormann e Rattenhuber, segundo um relatório, teriam aparecido brevemente na saída do *bunker*, ao anoitecer. Outra testemunha afirma que, durante a noite, os restos foram empurrados sobre uma lona de barraca, jogados numa cratera de granada, cobertos com areia que, posteriormente, foi compactada com uma estaca de madeira. Mas ninguém sabe dizer ao certo se funções tão trabalhosas ainda poderiam ter sido desempenhadas após quase vinte horas sob fogo ininterrupto de granadas e lança-chamas.

Rattenhuber reportou que teria dito o seguinte, aos prantos, durante sua visita, à noitinha, ao local da incineração: "Servi o *Führer* durante dez anos e, agora, ele jaz aqui." Realmente, o rompimento não poderia ter sido mais brusco. Em uma das visões patéticas do seu fim, Hitler tinha visto seu túmulo em pomposa altura no telhado do campanário de Linz, sua cidade natal, de onde deveria dominar a margem remodelada do Danúbio. Agora ele tinha seu túmulo num deserto de escombros, atrás da ruína da Chancelaria do Império, soterrado sob a terra revirada pelo constante impacto das granadas no meio de blocos de concreto despedaçados, montanhas de entulho e lixo acumulado.

Capítulo Seis

O desejo de destruir

Dizem que somente quando uma vida ou um fenômeno histórico chega ao fim, vêm à tona os seus verdadeiros elementos motivadores e determinantes. Entre as questões levantadas com a partida de Hitler, há a polêmica sobre o fato de ele se considerar ou não um perdedor ao puxar o gatilho e pôr fim à vida na tarde de 30 de abril de 1945. A resposta não é, de forma alguma, tão evidente quanto parece à primeira vista; e qualquer observador mais perspicaz expressará dúvidas a respeito.

Porque, principalmente os acontecimentos dos últimos meses antes de maio de 1945 não constituíam apenas os horrores de uma derrota total com cidades destruídas, milhões de refugiados, caos reinante. Muito mais do que isso, parecia que até mesmo durante as últimas convulsões daquele Império sem sombra de dúvida há tempos vencido, uma energia oculta estava em atividade de forma a não só estender a guerra, bem como destruir, literalmente, o país.

Já durante o outono de 1944, quando os inimigos se aproximavam das fronteiras alemãs, Hitler tinha dado uma série de ordens que, à semelhança do princípio da "Terra Devastada", utilizado diversas vezes durante retiradas de territórios tanto do leste quanto do oeste, agora eram postas em prática no próprio país. Ele determinava, de forma cada vez mais enfática, que todas as instalações voltadas para a manutenção da vida deviam ser destruídas: parques industriais e centrais de abastecimento, sistemas de canalização, linhas ferroviárias e telefônicas; explodir cada ponte, incendiar cada fazenda, e não poupar monumentos artísticos ou construções históricas. Alguns meses depois, em 19 de março de 1945, com uma assim chamada "Ordem de Nero", que tinha o sugestivo título de "Providências para destruir o território do império", Hitler deu continuidade ao seu intento de deixar como legado uma "civilização extinta", reforçando-o abertamente: "Toda e qualquer instalação militar, de transporte, de comunicações, industrial ou de abastecimento, assim como bens de valor real dentro do território do império que possam ser utilizados pelo inimigo para a continuação de sua luta — seja sua utilidade imediata ou previsível — devem ser destruídos." Os pormenores estavam descritos em um decreto de execução.

Por conseguinte, em muitos lugares, iniciaram-se imediatamente os preparativos para a demolição de fábricas, empresas de extração ou depósitos de víveres; a explosão de linhas ferroviárias e o comprometimento de vias fluviais, afundando chatas carregadas de cimento. Ao mesmo tempo, reforçou-se a prática já conhecida, desde que as unidades americanas haviam transposto a frente ocidental, de evacuar regiões e cidades inteiras, embora as massas que vagavam a esmo, sem qualquer liderança, somente piorassem a confusão nas frentes de batalha, atrapalhando qualquer operação militar. Quando um dos generais tentou convencer Hitler a revogar o suposto "Decreto de evacuação", explicando que não se podia mandar centenas de milhares de pessoas vagar sem destino, sem meios de transporte, alimentação, abrigo e tudo o mais que era necessário, ele se afastou em silêncio. Um "Regulamento de bandeiras" determinava que, em casas onde havia uma bandeira branca, todos os moradores do sexo masculino deveriam ser executados na hora. A luta, dizia uma instrução de fins de março, devia "ser ativada ao extremo do fanatismo. Qualquer condescendência para com a população era impossível no momento".

Entender essas ordens como o último e desesperado meio de defesa diante do avanço de um inimigo poderoso é um engano. Pelo contrário, elas sempre foram a primeira opção de Hitler e seu meio predileto; o propósito aniquilador não passava da expressão de sua voz mais autêntica. Agora, ela voltava a ser audível. Um dos "hinos de luta" cantados durante a ascensão do movimento não deixava dúvidas quanto à promessa de "arrebentar tudo"; mas, após a conquista do poder, ele foi silenciado pelos discursos sobre honra nacional, pelos gritos de liberdade e, posteriormente, durante os primeiros anos da guerra, pelo barulho das fanfarras anunciando as notícias extraordinárias. Os inimigos do regime, no cerne do mundo político, tinham até transformado o refrão em verso, no decorrer dos anos 1930, como uma previsão: "Porque, hoje, estamos destruindo a Alemanha e, amanhã, será o mundo todo!" Com a ordem da "Terra Devastada", o propósito vinha à baila novamente.

A profundidade em que o desejo de destruição por trás das simulações de ordens táticas manteve-se ativo, principalmente durante os anos de paz, não se manifestou apenas na autocensura que Hitler expressava continuamente quando o fim estava próximo, ou na lamentação, testemunhada por Goebbels, de não haver devastado mais. No decorrer do informe de 27 de abril, quando a conversa enveredou para o questionamento sobre o que poderia ser melhorado após a vitória final, o comandante de batalha e líder de grupo da SS responsável pelo Centro da cidade, Wilhem Mohnke, também chegou a se pronunciar uma vez, fazendo uma observação cínica em alto e bom som: "O que queríamos em 1933", disse, virando-se em direção a Hitler, "não conseguimos terminar, meu *Führer*!" Mas Mohnke não era um cínico e a situação não permitia qualquer tipo de escárnio. Pelo contrário, como um dos pretorianos radicais do regime, ele havia expressado o que ficou permanentemente ininteligível por trás dos brados de "Salvação do mundo", ou seja, a vontade ilimitada de destruir, que era a verdadeira essência de Hitler e seus conjurados seguidores. Desde sua ascensão e domínio, precisavam de inimigos; da hostilidade provinha a autoconsciência através da qual se definiam e, quando faltavam os inimigos, empenhavam-se ao máximo para fazê-los. Nesse sentido, eles nunca fracassaram.

Portanto, no que dizia respeito a Hitler, não se tratava apenas de amargura e horror. Antes, era uma sensação de realização que se manifestava em meio ao desastre e que o levava a encenar a derrota iminente como se fosse um espetáculo de declínio histórico. Em março, Goebbels já havia esclarecido o seguinte, durante uma conferência de imprensa: "Se formos a pique, então todo o povo alemão afundará conosco, e isso acontecerá de forma tão gloriosa que, mesmo depois de mil anos, o declínio heróico dos alemães na história mundial estará em primeiro lugar."

A intenção de ser talhado na consciência do mundo como um mito era a outra motivação dominante para Hitler e seus seguidores mais próximos. Incontáveis vidas humanas foram oferecidas à festividade fúnebre realizada nos moldes dos grandes líderes tribais pré-históricos; as estatísticas das últimas semanas da guerra apontam para uma média de mais de 10 mil vítimas por dia. O prematuramente cercado 9º Exército, cujos comandantes tiveram diversas vezes negadas as solicitações de retirada, até ser dizimado sem o menor sentido, é apenas um dos exemplos; outro exemplo, sem comparação por sua grandeza, foi a guerra para o leste, intensificada sob o manto ideológico de "guerra de extermínio", iniciada, significativamente, quando foi dado o sinal para acionar, em grande escala, as medidas para eliminar as chamadas raças inferiores, a saber, os eslavos e, principalmente, os judeus.

A ação do regime tornou-se mais radical à medida que a situação se tornava mais desesperadora, tentando prorrogar seu desejo de destruição, inclusive, para além do fim. Até mesmo o almirante supremo Dönitz, que gostava de ser visto como sobremodo correto, apesar de ser severo em seu comando, não se constrangeu ao elogiar assassinos. Numa "Ordem do Dia Secreta", de 19 de abril de 1945, ele teria assegurado pleno reconhecimento a um primeiro-sargento da marinha, que acabou se tornando um exemplo, pois, enquanto estivera encarcerado numa prisão australiana, havia planejado a morte de outros prisioneiros alemães contrários a Hitler, "sem que os guardas percebessem", como consta literalmente do relatório. Esse não era um caso isolado. Freqüentemente, tem-se a impressão de que, com o tempo, o intuito de aniquilamento de Hitler estivesse se espalhando. Em inúmeros discursos e conversas, ele havia falado da alternativa entre "potência mundial e o ocaso". Na verdade, essa alternativa era inexistente. A sua intenção objetivava, apenas, diversas formas de destruição.

Os ataques desesperados das últimas semanas enganam apenas o olhar superficial, da mesma forma que a ilusória movimentação de tropas fantasmas, os falsos sinais de vitória ou a freqüentemente observada esperança na possibilidade de estender a própria vida a cada dia. E era isso que estava em jogo. Mas, ainda mais forte, sobretudo desde o início da guerra, eram o ódio generalizado e o ímpeto de destruição que se manifestavam nas ordens de Hitler, desprovidas de qualquer sorte de respeito. De acordo com um relatório do chefe temporário do Estado-Maior, Franz Halder, durante a campanha contra a Polônia, Hitler já teria exigido o bombardeio da cidade de Varsóvia, que estava a um passo da rendição, e ficou se extasiando com as imagens de destruição que via através de seu binóculo. Posteriormente, teria considerado a destruição de Paris, bem como de Moscou e Leningrado, e, com certo prazer, descrito as conseqüências devastadoras que foguetes ou bombas provocariam nas ruas de Manhattan, ladeadas de arranha-céus.

Demasiadas oportunidades para dar vazão à sua paixão destrutiva haviam sido perdidas. Agora, finalmente, quando o Império estava implodindo, ele ainda conseguiria atender a essa sua mais profunda necessidade, e é certo que a derrota das últimas semanas lhe satisfazia muito mais do que qualquer uma das fugazes vitórias até então. Ele chegou a aclamar a destruição causada pelos bombardeios observando que, embora as forças aéreas dos aliados não tivessem se atido aos planos de reurbanização das cidades alemãs, ainda assim, o primeiro passo já havia sido dado — o que na época soou como ironia deveria ter sido levado a sério.

Supõe-se, claro, que ele gostaria de ter executado o ato final mais grandioso, menos desesperado e, se possível, mais operístico, além de ter dado maior ênfase ao *páthos*, ao horror e a um louvor apocalíptico. Mesmo assim, foi um declínio de proporções razoáveis e digno de ser relembrado. De qualquer forma, a glória que ele havia buscado durante toda a vida jamais se restringiu à de um líder de Estado, de um soberano à frente de um Estado de bem-estar social ou de um grande general. Para desempenhar cada um desses papéis, além de muitos outros, sobravam-lhe Wagner e o desejo de destruição. Na galeria da Ópera de Linz, ainda adolescente, ele assistiu à ópera *Rienzi*, que conta a história de um rebelde tribuno da plebe, do fim da Idade Média, que sucumbe à trágica incompreensão do mundo acabando por escolher a morte e a autodestruição. "Foi o início de tudo!", teria confessado, satisfeito, décadas depois. Agora, ainda mais tarde, o fim de tudo não despertou sentimentos menos eufóricos.

A reviravolta contra o próprio povo não só foi levada em consideração por Hitler, bem como incorporada por ele com crescente radicalismo. Já em 27 de novembro de 1941, quando a possibilidade de derrota pareceu ser possível pela primeira vez com o início da catástrofe de inverno frente a Moscou, ele esclareceu logo a dois visitantes estrangeiros que o povo alemão deveria "definhar e [...] ser destruído" se "não fosse mais forte o bastante nem estivesse mais disposto a se sacrificar para dar seu sangue por sua existência" e, então, ele "não choraria uma lágrima sequer". E, numa "frieza ímpar", ele disse a Albert Speer, em 19 de março de 1945, o seguinte: "Se perdermos a guerra, o povo também estará perdido. Não é preciso atentar às necessidades básicas que garantem a manutenção das funções vitais mais primitivas do povo alemão. Muito pelo contrário, é até melhor destruir tudo isso, visto o povo ter provado ser o mais fraco, e o futuro pertencer unicamente ao povo do Leste, superior em força. Além disso, o que sobrar após esta batalha serão só os inferiores mesmo, pois os bons terão caído."

A partir de Stalingrado e da conseqüente guinada na guerra, todas as decisões que tomou tinham um quê de ódio decepcionado dos alemães. Foi o que direcionou toda a estratégia da última fase, a começar pelas sistematicamente recusadas solicitações para formar posições de apoio contra as previsíveis penetrações dos exércitos inimigos no *front*; até a ofensiva das Ardenas, de dezembro de 1944, para a qual ele retirou unidades fortes da frente leste, com o intuito de mobilizar a resistência do povo, extenuado com a interminável guerra, com a ajuda da "ameaça russa". Havia dois anos, ele já deixara claro que, em caso de emergência, chamaria às armas rapazes de 14 anos, pois "ainda era melhor se caíssem lutando contra o leste, do que se fossem torturados ou desonrados exercendo o mais baixo dos trabalhos escravos, no caso de perderem a guerra". Ele se exaltava porque as pessoas no oeste simplesmente abriam as barreiras de tanques e, apesar de todas as ameaças de punição, penduravam bandeiras brancas nas janelas; com isso, uma divisão inteira teria sumido, sem deixar rastro: "É uma vergonha!" A operação de guerra transformou-se, cada vez mais numa ação punitiva contra o próprio povo. Como Hitler havia garantido quase quatro anos antes, o povo deveria "definhar e ser destruído" e, de conformidade com as "leis seculares" da luta pela sobrevivência, ele próprio colaboraria da melhor maneira possível.

De acordo com todas as opiniões confiáveis, foi graças a esse desejo de destruição, perseguido laboriosamente, que Hitler conseguiu se manter até o último momento. Na verdade, a aparência de debilidade descrita por todas as testemunhas — o porte curvado, o andar arrastado e a voz cada vez mais cansada — está em absurda contradição com a perseverança observada pelas mesmas pessoas — uma "ruína que não parava de se empanzinar de bolo", como o descreveu um dos moradores do *bunker*, que mantinha, entretanto, uma autoridade sugestiva, jamais contestada. Em meados de março, o chefe do distrito de Danzig, Albert Forster, apareceu no *bunker* e desabafou, na sala de espera, em pânico e desespero, que a força armada russa frente às portas da cidade — considerada uma fortaleza, mas, na realidade, uma cidade absolutamente desprovida de segurança — era impressionante, contando com 1.100 tanques contra os quatro blindados Tigre que defendiam Danzig. Ele relataria a Hitler a situação de desespero e demandaria uma decisão clara. Mas, não demorou muito, um Forster "completamente transformado" sairia do escritório de Hitler. "O *Führer* salvará Danzig", afirmou ele, "não há dúvida quanto a isso." E o general da SS Karl Wolff, que veio em 18 de abril com o mesmo objetivo, desistiu de tentar persuadi-lo ao ouvir os projetos grandiosos que Hitler tinha em mente para o futuro.

O que chama a atenção ao analisar a situação como um todo é o entorpecimento político, apesar de todo o poder de persuasão advocatício de Hitler. Sua incapacidade de pensar além dos objetivos militares mais restritos fica patente. No decorrer dos anos 1930, ele havia conseguido uma vitória após a outra com manobras-surpresa inovadoras e um misto de ameaças e juras de bom comportamento. Em curtíssimo espaço de tempo, ele conseguira alcançar seu primeiro objetivo, a destruição do sistema de poderio europeu. Já no final de 1937, sua atitude dá a impressão de fastio com essas vitórias baratas. Ele quer, finalmente, retornar ao "princípio primeiro", que havia perseguido durante toda a sua vida, ou seja, guerrear a qualquer preço.

De qualquer forma, desde aquela época, antes mesmo do início da guerra, ele não toma mais uma única iniciativa política sequer. Altivo, deixou passar o gesto singular e covarde das forças aliadas durante o Pacto de Munique, de 1938, só demonstrando irritação por terem arruinado sua chance de declarar a guerra que ele tanto almejava. O mesmo aconteceu, sobretudo, após a vitória sobre os poloneses e, no ano seguinte, sobre a França; além de várias oportunidades de assegurar ao Império uma certa hegemonia sobre a Europa. Hitler, porém, era incapaz de perceber a conveniência da situação e, muito menos, chegou a aproveitar-se dela. Parecia até que as vitórias militares colocavam-no em situação embaraçosa, já que ele não sabia o que havia para se ganhar numa situação sem guerra.

A consciência de que um longo período de paz, como ele explicou aos seus generais em agosto de 1939, "não faria bem", era provavelmente o motivo para a completa abstinência política dos anos que se seguiram. Todos os conselhos de pessoas próximas e de políticos internacionais como Mussolini, Horthy ou Laval, para examinar as possibilidades diplomáticas da guerra foram em vão. É bem verdade que ele sempre justificava a continuação do conflito, principalmente após a reviravolta no inverno de 1942-43, com o argumento de que o rompimento da "coalizão absurda entre o bolchevismo e o capitalismo" estava próximo e, só então, seria chegada a hora de fazer negociações promissoras. Entretanto, sempre que se apresentava uma oportunidade de promover uma separação das potências inimigas, Hitler a deixava passar sem aproveitá-la, e Goebbels escreve em seu diário, contrariado, que, apesar de aconselhá-lo com insistência, "tem-se, freqüentemente, a impressão de que (Hitler) vive nas nuvens". Sebastian Haffner completou com a alegação de que lhe faltava toda e qualquer imaginação construtiva necessária a um líder de Estado, além de haver perdido, pelo menos a partir do final da década de 1930, toda e qualquer mobilidade tática. Ao fim e ao cabo, nada além do que a "insuficiência de seu sortimento de talentos" foi o motivo para seu fracasso.

Pode-se ir até mais longe e chegar à conclusão de que ele nunca passou de um líder de bando que galgou ao topo, com a esperteza de um maquiavelismo de rua, para a qual nenhum dos políticos cerimoniosos e cuidadosos do cenário europeu estava preparado. Mas foi exatamente essa falta de escrúpulos, predominante tanto na escolha dos meios usados quanto nos objetivos a alcançar, que lhe rendeu, temporariamente, surpreendentes vitórias. Como qualquer líder de bando, ele não perseguia nenhuma meta que transcendesse a idéia de destruição e acúmulo de riquezas. Pelo menos seus generais e, posteriormente, todos os espectadores constataram, não sem espanto, que, significativamente, nenhum dos conflitos que ele havia propositalmente começado com praticamente todo o mundo tinha o menor indício de um objetivo de guerra. Em fevereiro de 1941, quando ele ainda se embalava na idéia de que venceria a operação militar contra a União Soviética já durante o outono seguinte, e em vista de sua preocupação com a posterior paz ameaçadora, requisitou a Jodl um "estudo preparatório de ataque" contra o Afeganistão e a Índia.

Assim sendo, todos que queriam saber o propósito da guerra recebiam apenas descrições hiperbólicas de visões dos "espaços infinitos", discursos sobre a existência ilimitada de matéria-prima, povos colaboradores e "fronteiras que sangram perpetuamente". Nas anotações de fevereiro e abril de 1945, que formaram uma espécie de *post-scriptum* de sua visão de poderio, não há o menor indício de que ele jamais tenha visto algo, nos territórios conquistados, além de pontos de partida para novas conquistas. Ele era teimoso, insaciável e sem rumo, sujeito apenas à lei do mais forte, a "lei primária" do *Dasein*, que, segundo ele, havia se perdido, mas, graças a ele, fora ressuscitada. Quando seu ministro de Relações Exteriores quis convencê-lo, no outono de 1943, a não deixar passar uma tentativa de acordo de paz com Moscou, Hitler respondeu-lhe, dando de ombros: "Sabe, Ribbentrop, se eu entrar em acordo com a Rússia hoje, acabo declarando guerra novamente amanhã — esse é o meu jeito."

Numa ocasião, Hitler teria dito que gostaria de entrar na história como um homem jamais visto. As circunstâncias de sua morte naquela "cova mortuária", segundo a descrição de um dos moradores do *bunker*, além das ordens impotentes e dos ataques de ira com os quais se opunha à derrota iminente dão a impressão de que ele tinha noção do seu descomunal fracasso. Ele acreditava, porém, que uma grande queda restabeleceria muita coisa, além de ser uma realização. Significativamente, o último desejo de Hitler foi destrutivo e desvenda, como um símbolo, a motivação dominante de sua vida — a ordem de queimar seu corpo, dada na tarde de 30 de abril.

Capítulo Sete
Capitulações

Na noite de 30 de abril, depois da queima dos corpos e do enterro das cinzas, o grupo remanescente, agora sem líder, juntou-se para uma longa deliberação. Após certo vaivém, Bormann sugeriu que o povo quebrasse o cerco dos russos e fugisse em massa com a ajuda de algumas centenas de guarda-costas que haviam sido designados para proteger a Chancelaria do Império. Mohnke, entretanto, chamou a atenção dos presentes para o fato de tal atitude ser inútil e fadada ao fracasso. Finalmente, todos concordaram em iniciar negociações com o alto comando soviético e enviar o general Krebs para Tempelhof a fim de entrar em contato com Tschuikov.

Krebs partiu por volta das duas da madrugada e, uma hora e meia depois, chegou a Schulenburgring, onde Tschuikov havia se instalado numa casa particular. Surpreendido com a repentina proposta de diálogo, o comandante soviético não teve nem tempo de convocar seu Estado-Maior e resolveu, então, que dois escritores, com os quais ia justamente sentar-se à mesa, bem como seu assistente e algumas patentes inferiores se fariam passar por seu "conselho de guerra". Entre os convidados, também se encontrava o compositor Matvej I. Blanter, encarregado por Stalin de compor uma sinfonia sobre a conquista de Berlim. Entretanto, quando ficou constatado que Blanter não tinha uniforme e, portanto, não poderia ser apresentado como oficial do Exército Vermelho, o resoluto general não pensou duas vezes e trancou-o no armário da sala de reuniões, com a recomendação de permanecer em absoluto silêncio.

Após curta introdução, Krebs foi ao assunto. Ele confidenciava ao general, como primeiro estrangeiro a ser informado, que Hitler e sua recém-desposada mulher haviam cometido suicídio no *bunker*, sob a Chancelaria do Império. Tschuikov, entretanto, que até aquele momento desconhecia a existência de um *bunker* no terreno da Chancelaria, não fazia idéia da existência de Eva Braun e, muito menos, havia sido informado do suicídio de Hitler, fez-se de indiferente e afirmou já ter ciência de tudo isso. Krebs leu, então, uma carta redigida por Goebbels. Ela informava as determinações de Hitler para a sua sucessão e sugeria, em seguida, "negociações de paz entre os dois países que haviam registrado as maiores perdas com a guerra".

Tschuikov não hesitou. Sem grande dispêndio de palavras, rejeitou a tentativa demasiado patente e tardia de separar os aliados através de um acordo à parte. Começaram as delongas. Primeiro, o marechal Zhukov tinha de ser informado em Strausberg. Depois, Zhukov tirou Stalin da cama. Ambos condenaram o acordo bilateral. A proposta de um cessar-fogo provisório também foi rejeitada e, segundo Tschuikov, nada além da capitulação incondicional, tanto de Berlim quanto do Império, poderia ser discutida.

Como em toda a tragédia, nesta também não faltou o toque cômico. Após algumas horas e para surpresa de todos, o esquecido Blanter, que havia perseverado todo aquele tempo imóvel, como que pregado ao seu esconderijo, caiu de dentro do armário com um estardalhaço e acabou ao comprido na sala de reuniões. Após terem cuidado dele e o levado, ainda inconsciente, à outra sala, a reunião continuou como se nada houvesse acontecido. Quando Krebs alegou que não poderia aceder à exigência de capitulação sem entrar antes em contato com Goebbels, teve início uma longa discussão. No final, ele recebeu uma folha de papel que listava cinco frases com as condições soviéticas: "1) Capitulação de Berlim. 2) Todos os capitulados devem depor armas. 3) Todos os soldados e oficiais têm garantia de vida. 4) Os feridos receberão socorro. 5) Será dada a possibilidade para efetuar negociações com os aliados via rádio." No caso de as condições não serem atendidas, esclareceu Tschuikov, as operações de guerra seriam retomadas imediatamente com todo vigor. Após quase 12 horas, Krebs retornou à Chancelaria.

Goebbels estava indignado. Ele afirmou que tinha tomado Berlim dos soviéticos havia anos e que ia "defender a cidade dos vermelhos até o último suspiro. Não utilizarei as poucas horas que me restam como chanceler do Império para colocar minha assinatura sob um documento de capitulação". Em vista da agitação e perturbação do grupo, com todos os participantes falando ao mesmo tempo e dando mostras de que o único consenso era quanto à interrupção das negociações e de qualquer ação nesse sentido, Hans Fritzsche, funcionário do alto escalão do Ministério de Goebbels, decidiu fazer uma proposta de capitulação por conta própria.

Fritzsche dirigiu-se ao seu escritório na Wilhelmplatz e redigiu uma carta ao marechal Zhukov. Ainda antes de terminá-la, o general Burgdorf, completamente embriagado, irrompeu em sua sala e perguntou, irado, se Fritzsche realmente tinha a intenção de entregar a cidade aos russos. Quando Fritzsche anuiu, Burgdorf gritou que teria de executá-lo, pois a ordem do *Führer* proibindo qualquer capitulação ainda não havia sido revogada e, além disso, Fritzsche não tinha nenhuma autoridade para negociar visto ser um civil. Com mão insegura, levantou a pistola, mas o técnico de rádio que o havia conduzido a Fritzsche e aguardava na porta, bateu na mão do general no último momento, de forma que a arma caiu e o tiro acabou acertando o teto. Pouco depois, Burgdorf seria dominado por colegas do Ministério que acudiram e o levaram de volta ao *bunker* sob a Chancelaria.

Em seguida, Fritzsche ordenou que dois de seus funcionários atravessassem para o lado soviético e, mais tarde, fez o mesmo. Quase nada esclarece melhor a situação confusa da cidade — na qual, em muitos pontos pelo menos, a luta continuava com igual violência — do que o acordo conseguido em curto espaço de tempo com o alto comando soviético. Mais tarde, Fritzsche deveria divulgar por rádio, em nome do governo alemão — embora não tivesse qualquer procuração para tal — que o lado soviético havia aceitado a capitulação. Além disso, ele deveria "ordenar" às tropas que suspendessem os combates e se rendessem ao inimigo, entregando-lhes também armas e equipamentos.

Nesse ínterim, também o comandante da cidade de Berlim, general Weidling, havia decidido pôr fim àquele banho de sangue absurdo. Para evitar protestos, só informou poucas pessoas de sua confiança no *bunker* sobre suas intenções. Ele já sabia a opinião de Goebbels, e o general Krebs despediu-se dele com a observação: "Só há homens desesperados, e não situações desesperadas."

Na noite de 1º de maio, Weidling ordenou suas tropas a suspenderem as operações de combate. Poucos minutos após a meia-noite, ele ordenou a transmissão de uma mensagem aberta, via rádio, para as linhas inimigas: "Aqui, a 56ª Divisão de Blindados Alemã! Aqui, a 56ª Divisão de Blindados Alemã! Pedimos suspender o fogo! Às 2h50, horário de

Berlim, enviaremos parlamentários para a ponte Potsdam. Sinal de reconhecimento: bandeira branca na frente de luz vermelha. Solicitamos resposta! Estamos aguardando!"

Pouco depois, o outro lado respondeu: "Compreendido! Compreendido! Retransmitiremos sua mensagem ao chefe do Estado-Maior! Tschuikov, por sua vez, não demorou a transmitir sua aprovação. No horário previsto, Weidling apresentou-se, seguido de três oficiais do Estado-Maior, no Schulenburgring. Quando Tschuikov perguntou onde Krebs se encontrava e se ele havia sido informado, Weidling não soube responder. À pergunta seguinte, se sua ordem de cessar-fogo era do conhecimento de todas as unidades, Weidling respondeu que não tinha contato com unidades isoladas e menores, além do que as unidades da SS não estavam sob seu comando. E acrescentou que, provavelmente, os combates continuariam em diversas localidades, já pelo fato de Goebbels haver ordenado manter a morte do *Führer* em segredo, temporariamente, tendo o moral das tropas em mente. Tschuikov, então, solicitou que Weidling redigisse uma ordem de capitulação, mas este recusou-se a fazê-lo argumentando que, como prisioneiro, não podia dar ordens. Como a discussão se estendesse, Weidling teve uma crise de nervos. Assim que o general se restabeleceu, concordaram em fazer uma divulgação através de alto-falantes, nas diversas localidades onde os combates continuavam. Weidling escreveu o seguinte:

> Berlim, 2 de maio de 1945. No dia 30 de abril de 1945, o *Führer* cometeu suicídio e, com isso, deixou na mão todos os que permaneceram leais a ele. Fiéis à ordem do *Führer*, vocês, soldados alemães, estavam dispostos a dar continuidade à batalha por Berlim, mesmo tendo

em vista a escassez de munição e a inutilidade da resistência na atual situação. Ordeno a imediata suspensão de qualquer resistência. Cada hora adicional de combate apenas prolonga o sofrimento atroz da população civil de Berlim e dos nossos feridos. Com o consenso do Alto Comando das tropas soviéticas, ordeno a todos que deponham as armas imediatamente. Weidling, ex-comandante da defesa de Berlim.

Foi só então que aquela resistência persistente e confusa, que mais se assemelhava a grupos de combate independentes, deu sinal de rendição. No dia anterior, Goebbels e Bormann haviam, finalmente, informado Dönitz sobre a morte de Hitler. Na noite de 30 de abril, eles já o haviam iludido, comunicando, falsamente, que seria ele, e não o marechal do império deposto, o sucessor do *Führer*. Na verdade, Hitler havia confiado ao almirante supremo o cargo de presidente do Império e de comandante supremo da Wehrmacht, mas não o de chanceler. A intenção de Goebbels e Bormann não era apenas manter a morte de Hitler em sigilo o máximo possível, mas também e, sobretudo, dar continuidade às usuais rixas pelo poder. Ambos temiam que Himmler, que, como Dönitz, se encontrava em Schleswig-Holstein e tinha conhecimento de que Goebbels estava incapacitado de agir em Berlim, se aproveitasse da situação e insistisse com Dönitz para nomeá-lo chanceler. Eles contavam com o fato de o almirante não abrir mão do cargo, enquanto acreditasse ter sido nomeado chanceler por Hitler.

Após a conversa pelo rádio, Goebbels dedicou-se aos poucos afazeres que lhe restavam como chanceler. Ele manteve diversas conversas, assinou vários documentos e, depois, retirou-se para finalizar o diário que mantinha havia anos. No final, fechou com algo como um balanço, justificando, em um tratado de sete páginas, a política que ele tinha conduzido ao longo dos anos, junto com Hitler, de quem era advogado plenipotenciário.

Aproximadamente uma hora depois, Goebbels deixou seus aposentos e entregou o manuscrito ao seu secretário de Estado, Werner Naumann, com a solicitação de retirá-lo de Berlim e divulgá-lo à posteridade. É bem verdade que essa exibição póstuma nunca aconteceu, visto Naumann, segundo seu relato, ter perdido aquelas páginas na confusão que reinou durante os dias de fuga. Não é difícil, contudo, reconstruir, quando menos em traços largos, aquele discurso de defesa que Goebbels vinha escrevendo havia tempos e, principalmente, durante as últimas semanas.

A série de justificativas começava, também desta feita, no mais tenro início, ao qual imputava a culpa desde sempre; a começar pelo desejo de defender a cultura européia; passando pela condenação do próprio Ocidente, que, em função do ódio cego que nutria contra o Império, se recusava a perceber o perigo mortal ao qual estava exposto e entregava o velho continente à mercê das hordas asiáticas; até chegar à crítica às próprias fileiras, não só enfraquecidas pela continuada traição das camadas mais antigas, mas também incapazes de combater numa guerra total. E tudo isso era acompanhado e enfatizado por imagens dos combates travados no mundo entre as forças abismais de Lúcifer de um lado e, do outro, os exércitos em favor da ordem e da justiça, com Hitler como o comandante-messias. Como sempre, ele lançava mão, mais uma vez, de expressões e metáforas religiosas, com as quais havia embasado o mito do *Führer*, vinte anos antes, tornando-o superpoderoso. Repetindo o que já havia afirmado várias vezes, ele teria finalizado o texto blasfernando que não demoraria muito — assim que a Europa tivesse se tornado bolchevista — e o povo se lembraria do *Führer* com saudades, pois ele havia percorrido novamente o caminho para o Gólgota e dado sua vida para a salvação do mundo.

À noite, Magda Goebbels foi aos seus aposentos no pré-*bunker*. Ela já havia conversado várias vezes com o médico de Hitler, Dr. Stumpfegger, e o assistente responsável pela administração da enfermagem da SS, Dr. Kunz, para saber como seus filhos poderiam ser mortos rapidamente e sem dor. Ela também dera a Hanna Reitsch uma carta para seu filho do primeiro casamento, Harald Quandt, na qual procurava justificar sua decisão, dizendo haver resolvido "pôr fim" à sua vida nacional-socialista "da única forma possível e honrada". E continuou: "Quero que saiba que fiquei ao lado de 'papai' contra a vontade dele e que, ainda no domingo passado, o *Führer* tentou ajudar-me a sair daqui. Para mim, não havia o que decidir. O nosso projeto magnífico foi por terra, com tudo de mais belo, admirável, honrado e bom que conheci na vida. Não valerá a pena viver no mundo que virá após o *Führer* e o nacional-socialismo, por isso, levo as crianças comigo. Elas são boas demais para a vida que nos sucederá, e um Deus misericordioso haverá de me compreender por eu mesma dar-lhes a redenção." Que ela e sua família pudessem terminar seus dias com o *Führer* era uma "dádiva do destino", com a qual ela jamais teria sonhado.

Em curto adendo, Goebbels acrescenta que ambos queriam dar um exemplo com o qual a Alemanha, uma vez superada a horrível guerra, pudesse se erguer. Ele, seu enteado, não deveria deixar-se confundir pelo "barulho do mundo": "As mentiras virão abaixo algum dia e, sobre elas, triunfará a verdade. Será a hora em que transcenderemos tudo, limpos, imaculados..."

Na noite de 1º de maio, os filhos de Magda Goebbels beberam um sonífero antes de ela colocá-los na cama e ainda deve ter aplicado uma injeção de morfina, pingando, em seguida, na presença do Dr. Stumpfegger, ácido cianídrico nas bocas abertas. Apenas a filha mais velha, Helga, que já havia perguntado preocupada, nos dias anteriores, o que aconteceria com eles, parece ter resistido, pelo menos, os hematomas no corpo da menina de 12 anos indicam que o veneno não foi ministrado sem uso de força. Pálida, Magda Goebbels dirigiu-se ao *bunker* inferior, onde seu marido a aguardava, e disse: "Acabou!", acompanhou-o ao escritório e, chorando, jogou paciência.

Mais tarde, Bormann e Artur Axmann também chegaram, e Magda Goebbels pediu-lhes que ficassem: "Seria bom se pudéssemos ficar juntos, uma última vez, como costumávamos." Sentaram-se em volta da mesa rememorando os tempos de inimigos fracos e grandes esperanças. De tempos em tempos, as histórias eram interrompidas por moradores do *bunker* que vinham se despedir. O assistente de Goebbels, comandante principal da SS, Günter Schwägermann, já lhe havia prometido queimar seus corpos.

De repente, por volta de oito e meia, Goebbels levantou-se e dirigiu-se ao armário. Colocou o boné e as luvas e, junto com a mulher, passou por algumas pessoas que ali estavam e foi em direção à escada do *bunker*. Magda Goebbels estava usando a insígnia do partido, em ouro, que pertencera a Hitler e lhe fora presenteada três dias antes. Apenas uma vez, ao pé da escada, Goebbels disse algumas palavras ao telefonista Rochus Misch, que se encontrava ali: Não precisaria mais dele. A meio caminho, acrescentou: "*Les jeux sont faits.*"

Chegando em cima, perto da saída, o casal ainda parou por um curto instante, para depois sair ao ar livre e ser iluminado pelos incêndios que ardiam em volta. Schwägermann, na escadaria, assim que pensou ter ouvido um tiro, deu um sinal aos homens da SS que aguardavam, para que, juntos, levassem várias latas de gasolina escadas acima. Como Goebbels havia pedido para se certificarem que ele e sua mulher estavam realmente mortos antes de serem queimados, Schwägermann ordenou a uma sentinela para dar um ou dois tiros nos corpos estendidos perto da saída. Em seguida, vários ordenanças se aproximaram, esvaziaram os latões de gasolina e atearam fogo aos mortos. Chispando, uma nuvem de fogo envolveu-os imediatamente, mas, novamente, o fogo apagou após alguns minutos. Nesse ínterim, entretanto, todos estavam tão ocupados em salvar a própria pele que ninguém mais se incomodou com os restos parcialmente carbonizados no jardim da Chancelaria do Império.

Após haver organizado algumas coisas, queimado os arquivos mais importantes e se abastecido com o necessário, o grupo que restou reuniu-se no pré-*bunker*. Mohnke ordenou que o *bunker* fosse incendiado de forma que as salas utilizadas nos últimos meses como centro de operações do Império e os aposentos particulares de Hitler não caíssem em mãos inimigas. Schwägermann e alguns oficiais da SS buscaram, então, mais gasolina e espalharam-na pelo escritório de Hitler, deitando fogo em seguida. Ao abandonar o abrigo, no entanto, fecharam atrás de si a porta de aço isolada e desligaram a ventilação, o que impediu o fogo de se alastrar, apenas chamuscando alguns móveis e deixando manchas de queimado.

Enquanto isso, Mohnke comunicou aos comandantes das unidades estacionadas no quarteirão do governo os acontecimentos mais importantes das últimas horas. Ele os informou sobre a traição de Himmler e a execução de Fegelein, o matrimônio e o suicídio do casal Hitler, bem como o da família Goebbels, as tentativas de socorro fracassadas de Wenck, Steiner, Holste e Busse, além das negociações malogradas e interrompidas entre Krebs e Tschuikov. Em seguida, ele mandou a roda atônita de oficiais, que somente havia ouvido falar dos acontecimentos isoladamente e, quando muito, como boato, de volta para suas unidades com a observação de que o comandante da cidade, general Weidling, havia decretado o fim dos combates uma hora antes da meia-noite. Todas as unidades, acrescentou, deviam tentar abrir caminho em direção ao norte e, se possível, alcançar a região de comando do governo de Dönitz.

Pouco antes de onze horas, os moradores do *bunker* começaram a abandoná-lo. Krebs e Burgdorf ainda ficaram. Mohnke havia organizado dez grupos de vinte ou mais pessoas, cada. Com intervalos de alguns minutos, eles saíam pelas janelas dos subterrâneos, localizadas embaixo dos balcões do *Führer* na Chancelaria, atravessavam o que restava da Wilhelmplatz, iluminada pelos incêndios como se fosse em pleno dia, e desapareciam, escorregando e tropeçando, pela entrada coberta de entulho da estação de metrô Kaiserhof. Acompanhando os trilhos dos trens, eles seguiam caminho, como que por baixo das linhas russas, até a estação Friedrichstrasse e, de lá, conforme combinado, pelo túnel do metrô, sob o Spree, para a estação Stettin. A luz fraca das lanternas que algumas pessoas haviam trazido iluminava mortos, feridos ou pessoas procurando abrigo, aglomeradas nas reentrâncias das paredes do poço ou agachadas nas saliências;

havia peças de uniforme, máscaras de gás, caixas de munição e montes de lixo por todo lado. Nas proximidades da estação Stadtmitte, num vagão estacionado, foi improvisado um ambulatório, no qual alguns médicos tratavam feridos e moribundos à luz de velas.

O primeiro grupo, com Günsche, Hewel, Voss e as secretárias, foi guiado pelo próprio Mohnke; o segundo, por Rattenhuber; e o terceiro, por Naumann. Deste último faziam parte Baur e Martin Bormann, que, de manhã, havia enviado um radiograma para Dönitz informando que pretendia ir vê-lo "o mais cedo possível" e, agora, aparecia vestido no uniforme de general da SS. O motorista de Hitler, Erich Kempka, liderava um grupo de praças e de funcionários da Chancelaria que totalizava quase cem pessoas.

Não demorou muito para perceberem que a intenção inicial de manter contato entre os grupos era impraticável. Assim que entravam no poço do metrô, a coesão entre eles se desfazia e, em seguida, dentro daquele universo escuro do túnel, os próprios grupos se desmembravam. Alguns dos que se separavam do grupo procuravam uma das escadarias da estação para alcançar o céu aberto, mas voltavam quase imediatamente para evitar os tiros constantes e a chuva de pedras. A situação demonstrou que o plano acordado no decorrer das conversas que o anteciparam, ou seja, atravessar as linhas russas e procurar se juntar a uma suposta unidade que continuava combatendo no norte da cidade, nas imediações de Oranienburg, era inviável.

No vaivém, alguns dos que haviam abandonado o grupo acabavam se reencontrando em algum lugar. Bormann foi visto às duas da madrugada, exausto e indeciso, na escadaria de pedra de uma casa na Chausseestrasse. Outros abriam caminho por trilhas, porões a descoberto e pátios de prédios em direção à Cervejaria Schultheiss, na avenida Schönhauser, que havia sido designada como ponto de encontro provisório. Muitos pereceram nos combates que persistiam nas ruas, freqüentemente entre tanques ou nos prédios. Na ponte Weidendamm, morreram Högl e o segundo piloto de Hitler, Betz; Walter Hewel cometeu suicídio na Cervejaria Weddinger, provavelmente cumprindo uma promessa feita a Hitler.

Um grupo maior, do qual fazia parte Mohnke, seu Estado-Maior, bem como Günsche, Baur, Linge, Rattenhuber, Voss e outros, acabou sendo preso pelos soviéticos no decorrer dos dias subseqüentes. Ainda outros, como Axmann, Schwägermann e as secretárias do *bunker*, conseguiram abrir caminho para o oeste. Quando os russos ocuparam a Chancelaria, encontraram, no *bunker* inferior, os generais Burgdorf e Krebs mortos, sentados à mesa de cartas, rodeados de garrafas pela metade. Martin Bormann foi dado como desaparecido durante muito tempo. Mas, após o fim da guerra, tudo indicava que ele havia cometido suicídio junto com o médico da SS, Dr. Stumpfegger, nas imediações da estação Lehrter. Esse fato foi confirmado no início dos anos 1970, quando seu esqueleto foi encontrado. Posteriormente, as cinzas às quais foram reduzidos seus restos mortais foram jogadas no mar Báltico.

Apesar da "exortação" de Weidling a depor armas, os combates continuaram em diversos pontos da cidade, durante todo o dia 2 de maio e por alguns dias mais. Mas os incêndios haviam parado ou eram abafados pela fumaça preta que subia, por todo lado, dos escombros. Uma parte dos oficiais não recebeu a notícia da capitulação devido à interrupção das linhas de comunicação; outra baseava-se na última ordem recebida, de manter posição a todo custo e replicava que avisos ou boatos nada significavam — como soldados, eles precisavam de ordens.

Alguns perdidos, ainda assim totalizando alguns milhares, consideravam qualquer negociação um ato de "traição" e decidiram continuar lutando. Ainda no dia 2 de maio, uma dessas unidades explodiu o túnel sob o canal Landwehr, no qual incontáveis feridos e refugiados haviam procurado abrigo. A grande catástrofe, entretanto, não se concretizou, porque a torrente de água se espalhou rapidamente. Dizia-se que até a natureza havia se cansado da matança interminável.

Em outro ponto dos túneis, uma unidade de combate levou artilharia leve para os poços subterrâneos e descarregou todo o resto da munição contra tropas soviéticas vindas em direção contrária. Um grupo da SS exigiu, na cantina onde havia se abrigado, todo o estoque de bebidas alcoólicas e, completamente ébrios, segundo testemunhas, terminaram sob as "lagartas dos tanques". Fantasmagoricamente, numa manhã, pouco antes da tomada do quarteirão do governo, apareceram, nos prédios e restos de muros em volta da Chancelaria do Império, bandeiras com a cruz suástica. Desconfiava-se, a princípio, de um grupo secreto de resistência, possivelmente comunista, que queria indicar aos conquistadores o objetivo de todas as lutas. Constatou-se sem demora, no entanto, que o comandante responsável pelo setor, o altamente condecorado coronel Erich Bärenfänger, de 27 anos, havia encontrado um depósito de bandeiras e decidido pendurá-las como um gesto de sua disposição para morrer. "Lutamos sob essa bandeira em tempos de ventura", explicou o jovem oficial, que ainda havia sido promovido a general-major por Hitler, nos últimos dias de abril, e que alegava não saber por que "deveria se envergonhar de mostrá-la agora, no infortúnio." Poucos dias depois, para escapar da desonra de ser levado prisioneiro, pôs fim à sua vida e à de sua mulher.

Uma minoria de unidades da SS, dispersas ou dizimadas, acabou formando um grupo de combatentes e tentou atravessar as linhas russas. Dentre os mais ferrenhos defensores da cidade estava o que sobrara da divisão da SS francesa, "Charlemagne", que oferecia resistência, sem dó nem piedade, principalmente na região do Ministério da Aeronáutica. Mas também unidades da SS holandesa e escandinava, bem como um exército letão, agora reduzido a menos de cem homens, defendiam-se a ponto de autodestruírem-se, já que jamais haviam feito prisioneiros e, agora, nada mais lhes aguardava que o próprio destino.

As massas evitavam os lugares onde ainda se lutava. Após o escurecer, todos evitavam ir para onde quer que fosse. As noites na cidade abatida evocavam sons assustadores: os estrondos dos canhões ao longe, acompanhados dos raios que tanto se assemelhavam a um temporal se aproximando; o súbito barulho de motores num crescendo ensurdecedor; as repentinas salvas de tiros; e, nas proximidades, os gritos das mulheres. Centenas de soldados e civis mortos encontravam-se sob os escombros, mas ninguém se importava com eles.

Todos que tinham condições para tal consideravam a guerra terminada. Uma cena comum era ver soldados perdidos quebrando os rifles nas beiradas das calçadas, jogando granadas de mão a esmo nas ruínas ou arrancando os cabos de ignição de veículos abandonados. Fachadas de casas continuaram desmoronando durante vários dias ainda, como se tocadas por mão invisível. Pouco a pouco, os distritos mais

No dia 2 de maio de 1945, enquanto combates isolados continuavam em diversos pontos da cidade, o poeta Jevgeni Dolmatovski fala a um grupo de soldados soviéticos diante da Porta de Brandemburgo.

periféricos ocupados havia dias começaram a se movimentar novamente com o ir-e-vir de pessoas exaustas, marcadas pela luta pela sobrevivência, que levavam em malas e mochilas alguns dos pertences que haviam conseguido resgatar. Os símbolos do partido, fotos do *Führer* e bandeiras suásticas desapareceram de todo. A notícia de que Hitler havia se suicidado recebia pouco crédito, visto a informação oficial de que ele havia caído "lutando até o último suspiro contra os bolchevistas" ser mais condizente com a crença vigente.

Nos distritos já conquistados da cidade, afastados do desenrolar dos combates, instalaram-se acampamentos irregulares. Soldados do Exército Vermelho em capotes marrom-terra patrulhavam as ruas, passando por escombros carbonizados ou nos quais ainda ardiam brasas que continuavam escurecendo áreas da cidade com sua fumaça. Em muitos lugares, tropas se assentaram. A título de lembrança o contingente feminino freqüentemente se deixava fotografar entre o equipamento militar incendiado ou destruído, fazendo ressoar o chicote de couro no asfalto. Em outros lugares, prisioneiros aguardavam em fila para serem interrogados enquanto, perto, clarões provocados pelo disparo de canhões iluminavam o céu. Durante a ofensiva, as unidades soviéticas haviam requisitado rebanhos bovinos inteiros, que pastavam a esmo até que um animal após o outro foi sendo abatido e assado a céu aberto por grupos de soldados que faziam a festa, dançando e cantando. Por toda parte viam-se carroças russas, puxadas por cavalos das estepes com suas longas crinas desgrenhadas, das quais pendia espólio barato, como panelas, peças de roupa, regadores, acordeons, bonecas e tudo o mais que podia ser acomodado nelas. Até parelhas de cães circulavam pelas ruas. Em meio a tudo isso, mensageiros motorizados com expressão grave estavam por toda parte. Todos os cruzamentos maiores ganharam placas com nomes em cirílico.

Ao mesmo tempo, levas de prisioneiros afluíam, dia e noite, aos locais de agrupamento. Abatidos e extenuados, freqüentemente portando braçadeiras brancas, eles saíam de abrigos, buracos escavados na terra ou poços de canalização; dentre eles, muitos participantes das colunas civis, adolescentes que ajudavam na defesa antiaérea, bem como feridos em muletas ou com curativos ensangüentados. Em silêncio, eles se enfileiravam onde conseguiam e eram levados dali — uma imensa multidão apagada, que se movia sob os gritos de vitória dos soldados soviéticos, muitos deles exibindo as diversas condecorações já conquistadas. Ao escurecer, era novamente a vez dos faróis: por toda parte nas ruas de acesso, rodavam veículos militares e tratores que, com luz ofuscante, enchiam a cena de uma claridade fantasmagórica. Ladeando as ruas, na sombra das ruínas, grupos, geralmente formados por mulheres mais velhas, ficavam observando, desoladas, as colunas sem-fim que se aproximavam, marchavam à sua frente e desapareciam no horizonte.

Com a notícia da capitulação, o delírio da vitória tomou conta de Moscou. Massas imensas tomavam as ruas, gritavam, jogavam seus bonés para o alto e se abraçavam. A grande guerra havia chegado ao fim depois de reclamar incontáveis vítimas. Apenas a batalha por Berlim havia custado 300 mil vidas ao Exército Vermelho. Do lado alemão, aproximadamente 40 mil soldados caíram. Não há estimativa confiável quanto às vítimas civis. O número de prisioneiros chegou a quase meio milhão.

Pouco antes da meia-noite, ouviu-se em Moscou o estrondo de 24 salvas de artilharia, originárias de mais de trezentos canhões, seguidas por um pomposo espetáculo de fogos de artifício. A cidade comemorava a "conquista histórica de Berlim". A barulheira persistiu por dias a fio e era audível até na prisão de Butyrka, aonde Weidling, dois oficiais sob seu comando e alguns antigos moradores do *bunker* foram levados em um dos primeiros transportes de prisioneiros. Um cabo da coluna civil também se encontrava entre os detidos. Para seu azar, ele atraiu a suspeita dos soviéticos por ter o mesmo nome do recém-nomeado presidente americano, Trumann. Na verdade, ele não passava de um comerciante de charutos de Potsdam.

Pouco depois das três da tarde de 2 de maio, o Exército Vermelho ocupou a Chancelaria do Império sem encontrar resistência significativa. Diferentemente do que se descreve em numerosa literatura, inclusive em memórias narradas, ela não foi tomada de assalto. De acordo com fontes da época, o primeiro a entrar no *bunker* foi o primeiro-tenente Ivan I. Klimenko, que seria nomeado "herói da União Soviética" por seu gesto ousado. Entretanto, como havia acontecido antes no Parlamento, aqui também havia uma descrição "inoficial" dos eventos, que estorvava a imagem ideal por dois motivos.

De manhã, por volta das nove horas, o técnico-chefe do *bunker* inferior, Johannes Hentschel, que havia permanecido lá, ouviu vozes de mulher no túnel de ligação. Ao sair da sala de comutadores, surpreendeu-se com 12 russas uniformizadas que, constatou logo, eram enfermeiras do Exército Vermelho. Da maneira animada e despreocupada como conversavam, Hentschel deduziu que não corria o menor perigo. Quando ele apareceu, a mulher que aparentava ser a líder do grupo perguntou-lhe, em alemão fluente, sobre o paradeiro de Hitler. A pergunta seguinte, sobre a "mulher de Hitler", no entanto, não deixou dúvida a respeito do verdadeiro motivo que as trouxera ali. Assim que Hentschel satisfez a curiosidade delas e levou-as ao toucador de Eva Braun, elas abriram com violência o armário e a cômoda e colocaram tudo o que ainda parecia usável em sacos e bolsas que haviam trazido para esse fim. "Gritando de alegria", descreveria o engenheiro, as mulheres voltaram logo depois, agitando no ar "pelo menos, uma dúzia de sutiãs" e peças de *lingerie*, até deixarem o *bunker*, felizes da vida.

Ao saírem, depararam-se com dois oficiais soviéticos que haviam chegado naquele instante e não lhes deram a mínima atenção. Também eles perguntaram a Hentschel onde Hitler se encontrava e ouviram todo o relato sobre o casamento do *Führer*, o suicídio e a incineração dos corpos com um misto de interesse e surpresa. Em seguida, pediram para ver os aposentos da família Goebbels, batendo a porta após verem, horrorizados, os corpos das crianças. Tudo leva a crer que eles faziam parte das unidades do marechal Konjev, cujo avanço Stalin havia interrompido porque Berlim deveria pertencer a Zhukov. Um acontecimento revelava por demais fraqueza humana, enquanto o outro, por demais iniciativa, para entrar para a "história da grande guerra da pátria". É por isso que nenhum dos dois aparece, até hoje, em qualquer descrição soviética da batalha por Berlim.

Com a ocupação da Chancelaria do Império, começou uma encenação confusa com ocasionais toques burlescos, que não só enganou o mundo durante muito tempo, bem como manteve Hitler ilusoriamente vivo. Nas proximidades da saída do *bunker*, os russos encontraram, em toda a extensão do terreno do jardim, além dos incontáveis mortos, aproximadamente 15 restos humanos, em sua maioria queimados ou mutilados. Eles prepararam um dos corpos mais bem conservados, provavelmente com a ajuda de um perito em máscaras, à imagem do Hitler morto. Colocaram-no decorativamente entre os escombros e ofereceram-no ao público mundial como troféu sensacionalista no dia 4 de maio. Pouco depois, entretanto, voltaram atrás na versão criada dizendo, primeiro, que se tratava de um "sósia" do *Führer* para, posteriormente, afirmarem que era uma "falsificação". Durante algum tempo, conjeturou-se abertamente apresentar mais um corpo, trazido de outro lugar, como sendo o do ditador alemão, mas, como foi corretamente observado por um dos peritos chamados ao local, o homem usava meias remendadas, o que, ficou claro para todos, despertaria dúvidas sobre sua identidade. Por outro lado, mais tarde espalharam-se boatos sobre nova descoberta, que não foi declarada oficialmente como o corpo de Hitler em função dos desmentidos anteriores: "O morto encontrava-se", afirmava a notícia, "sobre um cobertor que ainda fumegava. O rosto estava carbonizado, o crânio atravessado por uma bala, mas as feições horrivelmente deformadas pertenciam, indubitavelmente, a Hitler."

O desfile de sempre novas cópias de Hitler terminou definitivamente em fins de maio, quando Stalin ficou à frente da situação. Durante a visita de uma delegação do governo americano ao Kremlin, da qual faziam parte Averell Harriman, Harry Hopkins e Charles Bohlen, o ditador expressou sua suposição de que Hitler não estava morto, mas teria fugido e se escondido, junto com Bormann e o general Krebs, em local desconhecido. Quando ele ainda deixou cair, cá e lá, a informação de que o *Führer* alemão havia fugido num submarino para o Japão ou, em outra ocasião, mencionou a Argentina e ainda, após algum tempo, também falou sobre a Espanha de Franco, essas versões foram divulgadas por informantes obsequiosos que passavam adiante ora uma, ora outra, como a versão final e incontestável.

A tendência, tão enraizada na essência do regime soviético, a acreditar em conspirações, subterfúgios e intrigas obscuras encontrava, na história do desaparecimento misterioso de Hitler, um profícuo campo de atividade. Com o tempo, começaram a aparecer indícios para tal: primeiro, comentava-se que o ditador haveria feito cada um de seus fiéis seguidores jurarem ao mundo que foram testemunhas oculares quando, após sua morte e a de Eva Braun, eles foram colocados sobre uma pira e queimados; outra versão dizia que ele havia ordenado ao seu círculo mais próximo que apagasse qualquer vestígio de seu paradeiro; ou ainda que, nas primeiras horas da manhã de 30 de abril, um pequeno avião com três homens e uma mulher partira do Eixo Leste-Oeste na direção de Hamburgo e, a partir de então, acrescentava-se à informação supostamente proveniente de fontes do serviço secreto que, pouco antes da conquista da cidade hanseática pelas forças britânicas, um misterioso submarino teria zarpado com destino desconhecido. E muito mais...

Não demorou e a imprensa sensacionalista ocidental também lançou mão do tema atraente e promissor, não esgotando a divulgação de sempre novos detalhes, até mesmo, na década de 1990: Hitler teria sido visto, algum tempo depois de seu suposto fim, em Dublin, vestido de mulher; ou, como o *Times* de Londres reportou, ele teria planejado a sua partida deste mundo como uma mudança repentina na encenação de sua vida, detonando-se sobre o mar Báltico, num avião repleto de explosivos. Em outro lugar, a criatividade jornalística recorreu às deturpações já iniciadas por Stalin e revelou que Hitler teria vivido os últimos anos de vida sob o extremamente simplório codinome "Adilupus", no "palácio presidencial do fascista Franco", lá falecendo a 1º de novembro de 1947, por "insuficiência cardíaca".

A verdade, ou o que era passível de comprovação, acabou caindo em esquecimento com tudo isso. No final de abril de 1946, uma comissão do Exército Vermelho apareceu na saída do jardim do *bunker* do *Führer* para registrar o que de fato acontecera, após a confusão gerada pelas inúmeras farsas criadas por eles mesmos. Estavam acompanhados de alguns sobreviventes do *bunker* que haviam sido capturados durante a conquista da cidade. Câmeras de filmagem foram montadas e a cena da incineração de Adolf Hitler e de sua companheira foi reconstituída, mais uma vez, em detalhes. No entanto, esse material, bem como interrogatórios sem-fim de Günsche, Linge, Rattenhuber e outras informações obtidas, sumiu em arquivos secretos jamais consultados.

Além disso, após o basta dado por Stalin, os supostos restos mortais de Hitler, Eva Braun e outros moradores do *bunker* perderam sua utilidade. Por conseguinte, eles ficaram simplesmente soterrados, no final de maio de 1945, na Central de Contra-Espionagem da região de Berlim-Buch. A comissão levou as caixas de madeira contendo os corpos carbonizados, primeiramente, para Finow, de lá, para Rathenow e, por fim, para Magdeburg. Em março de 1970, o politburo do Partido Comunista da União Soviética decidiu desenterrar os restos "com o máximo sigilo" e "eliminá-los definitivamente por cremação". No relatório final da "Operação Arquivo" lê-se o seguinte: "Na noite de 5 de abril de 1970, os corpos foram totalmente cremados, depois, junto com pedaços de carvão, reduzidos a pó de cinzas e, em seguida, jogados no rio."

Permanece a dúvida sobre o real conteúdo das caixas de madeira, transportadas para Magdeburg após terem passado por outras cidades. O mais provável é que, apesar de exaustivos esforços do departamento de contra-espionagem, os corpos de Adolf Hitler e de sua mulher jamais tenham sido encontrados. Essa versão é reforçada pelo depoimento das sentinelas que, na noite de 30 de abril de 1945, foram ao local da incineração uma segunda vez e afirmam ter enterrado o resto das cinzas; além do continuado fogo dos russos contra a Chancelaria e o jardim durante mais de dez horas após a morte de Hitler. Tanto as granadas explosivas que revolveram repetidamente o terreno bem como os petardos de óleo incandescente que desencadeavam incêndios enormes levam a crer que todos os últimos restos reconhecíveis tenham sido destruídos. Nos escombros, foram encontrados indícios dentários que, segundo dentistas consultados, têm grande probabilidade de serem fragmentos da arcada dentária de Hitler e "a parte inferior da prótese dentária de Eva Braun, feita com material sintético".

O fato de a Comissão de Inquérito da União Soviética, ao contrário do que foi feito com Joseph Goebbels e sua mulher, nunca ter exposto publicamente os restos mortais do casal Hitler pode ser considerada outra evidência para o fato de os corpos jamais terem sido encontrados. O protético Fritz Echtmann, que foi mantido prisioneiro, como testemunha, na União Soviética, declarou posteriormente que os funcionários responsáveis pelo inquérito mostraram-lhe uma caixa de charutos, em maio de 1945, na qual se encontravam, além da arcada dentária de Hitler e da prótese de Eva Braun, apenas uma EK 1[1] e o símbolo de ouro do partido, que Magda Goebbels havia usado no final. É provável que tenha sido encontrado nos escombros ao redor do *bunker*, durante a procura que se estendeu por alguns dias e, no final, simplesmente classificado como a insígnia do *Führer*. É quase certo que a caixa continha tudo que restou de Hitler.

---

[1] EK 1 (*Eisernes Kreuz*) é uma condecoração de guerra: a cruz de ferro prussiana, categoria 1. (N. dos T.)

Capítulo Oito
O fim de um mundo

A julgar pelos paradoxos da história, o fato de Hitler haver desaparecido sem deixar praticamente nenhum vestígio contribuiu para uma singularidade póstuma. Após gerações, ele continua presente no imaginário de uns e outros, chegando a ganhar poder à medida que fica mais distante no tempo.

O que faz de Hitler um fenômeno "jamais visto" na história remonta ao fato de ele nunca ter tido qualquer noção civilizacional. As potências mundiais conquistadoras, da Roma antiga, passando pelo Sacro Império Romano-Germânico, à França de Napoleão ou ao Império Britânico, apesar de todas as diferenças óbvias, sempre reclamaram para si, por mais tênue que tenha sido, a promessa de paz, progresso e liberdade para a humanidade. Até mesmo o despotismo sanguinário de Stalin, embora jamais tenha convencido alguém, adornava-se com uma promessa para o futuro. Dessa forma, ganância e ambição, os dois impulsos motivadores quase onipresentes no empenho em subjugar outros povos, eram parcialmente isentadas a ponto de, em muitos casos, serem inocentadas por completo pela história.

Hitler, pelo contrário, abriu mão de qualquer ornamentação em sua conquista e expansão de poder, considerando-a desnecessária até mesmo para uma encenação de poderio. Nem os alemães, que desde sempre levaram em consideração as noções que descobriam em cada acontecimento histórico pelo qual passavam ou que neles viam atuantes, não chegaram a perseguir nenhum ideal no mandato que concederam a este regime. Não lhes ocorreu, de fato, nenhuma palavra abrangente que condissesse com Hitler. Qualquer tentativa que tenha sido feita para definir-lhe um papel de época provou ser um esforço inútil. O que impeliu, subjugou e influenciou a maioria durante tempo demasiado foi, tão-somente, o próprio Hitler, por mais que, de vez em quando, até despertasse desconfiança em muitos alemães. A força irrefreável que o motivou durante toda a vida não passava da máxima natural da lei do mais forte. É ela que descreve o início e o fim daquilo que ele divulgava como sua visão de mundo.

Ao moto darwinista de Hitler seguiu-se uma série de noções adquiridas em tenra idade e externadas de forma inflexível, que objetivava, exclusivamente, repressão e escravidão, bem como "genocídio" e, no final, só deixava um rastro de "terra devastada". Nunca e em lugar algum, nem onde seus exércitos eram aclamados, a princípio, como libertadores, ele permitiu que houvesse qualquer dúvida de que havia chegado como inimigo e que, como inimigo, queriam que continuasse ali. Quase todos os conquistadores mundiais que o antecederam e se encontram na memória histórica procuraram nutrir nos conquistados, durante seu domínio, a dúvida se a resistência contra os invasores era um direito supremo ou uma tentativa de atrapalhar o futuro. Contra Hitler era óbvio que a resistência estava em seu direito. Seu programa, havia ele esclarecido desde cedo, seria uma "formulação de uma declaração de guerra... contra uma visão de mundo existente como um todo".

O que ele quis dizer com isso foi revelado, mais tarde, no início dos anos 1940, por anotações feitas sobre "conversas à mesa" e "monólogos no QG do *Führer*". Nessas ocasiões, mais do que em quaisquer outras, Hitler se manifestava sem reservas, sempre que se dava a oportunidade, deliberando sarcasticamente sobre qualquer moral, religião ou humanitarismo. Ele afirmava que, no mundo real, vigoravam leis mais cruas; e desprezava os mecanismos que uma tradição de vários séculos criara para que as pessoas se protegessem de outras pessoas, como "lero-lero da Igreja". Não era apenas uma questão de engodo ou covardia. Tratava-se, na verdade, do "pecado original" de traição contra a natureza. Violá-lo, por outro lado, significava nada menos do que se insurgir "contra um firmamento", dizia ele, o que provocaria, ao fim e ao cabo, a eliminação "não da lei, mas de si próprio". Ao sujeitar-se a essa "lei implacável da lógica", ele abrira mão de qualquer sentimento humano e abatera, sem dó nem piedade, qualquer resistência interior contra essa decisão. Dessa mesma forma, ele também abateria a resistência das demais raças. "Os macacos, por exemplo", explicou ele em 14 de maio de 1942, em seu QG, pisoteavam até a morte qualquer "ser estranho à sua sociedade. E o que vale para os macacos, vale ainda mais para os seres humanos". Nenhum outro ditador jamais retrocedeu tanto para aquém do pensamento civilizado.

Após a morte de Hitler, ainda transcorreram alguns dias até a total capitulação incondicional, tanto militar quanto política. Motivo para tal não eram apenas os combates localizados que continuavam sendo travados, mas, também, a decisão tomada pelo governo Dönitz de retardar ao máximo o processo através de capitulações parciais para permitir ao maior número de tropas e civis a passagem para as regiões do país nas mãos das potências ocidentais.

A capitulação total ocorreu na madrugada de 7 de maio, no quartel-general do comandante supremo americano, general Eisenhower, em Reims, após uma capitulação parcial já ter sido assinada perante as forças britânicas, representadas pelo marechal-de-campo britânico Montgomery. O fim das hostilidades foi acordado em 8 de maio, à meia-noite. Visto Stalin exigir a presença de seus militares de mais alta patente, a cerimônia de capitulação foi repetida em Berlim-Karlshorst, onde o alto comando soviético estava localizado. Durante as negociações, a delegação alemã teve que aguardar em uma sala lateral até ser chamada, apenas, para a assinatura do documento. Keitel compareceu com seu bastão de comando e o símbolo de ouro do partido. Quando um de seus acompanhantes suspirou durante o evento curto e formal, o marechal-de-campo o repreendeu: "Pare com isso!"

Aos poucos, impulsionada pela administração militar soviética, a vida retomava seu ritmo na capital destruída. Equipes de remoção procuravam corpos nos imensos montes de destroços e levavam-nos em carroças de xalmas para uma das muitas valas comuns abertas na cidade. Ao lado, tropas de limpeza remexiam o solo à procura de minas que ainda haviam sido enterradas no último instante. Outros carregavam enormes pedaços dos escombros das ruínas onipresentes e jogavam-nos, em parte, nos poços subterrâneos que se formaram nas ruas parcialmente destruídas, tornando-as, provisoriamente, transitáveis. Até o fim de junho, corpos e cadáveres de animais continuavam boiando em poças, lagos e rios. Quando Harry L. Hopkins, conselheiro de dois presidentes americanos, visitou Berlim naquela época e testemunhou a extensão da devastação, afirmou, abalado: "É a nova Cartago!" Durante anos, a cidade foi atração na rota turística para áreas devastadas.

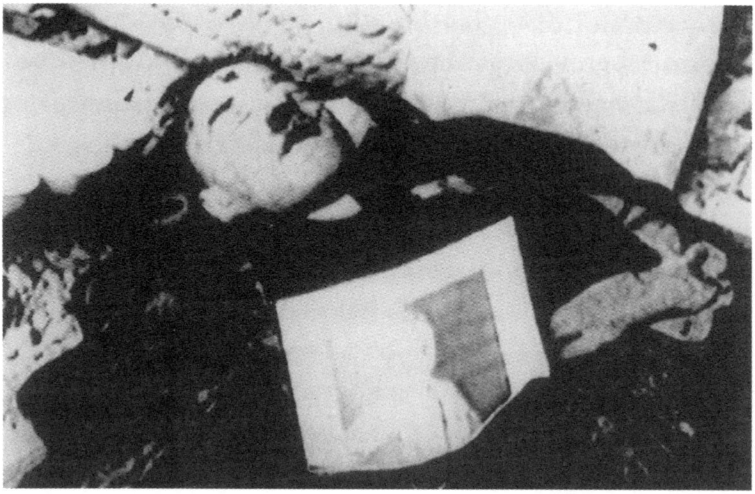

Um dos inúmeros mortos no terreno da Chancelaria do Império apresentado pelas autoridades soviéticas, no início de maio, como o corpo de Hitler. Na verdade, os restos mortais do ditador haviam sido queimados na tarde de 30 de abril, seguindo ordens prévias, e, segundo as suposições mais plausíveis, o que sobrou foi destruído, fora alguns poucos restos.

Em princípios de julho, os aliados ocidentais ocuparam Berlim, como acordado. No dia 16 do mesmo mês, um dia antes do início da Conferência de Potsdam, Winston Churchill visitou a cidade. Com orgulho cruel, ele contemplou a ainda imponente ruína da Chancelaria do Império e pediu a uma sentinela soviética que o levasse à saída do jardim, nos fundos do terreno, onde o corpo de Hitler havia sido queimado. Depois disso, ele também quis visitar o *bunker* inferior, no qual o *Führer* havia passado seus últimos meses de vida. Ele desceu um lance de escadas atrás do soldado do Exército Vermelho. Assim que soube que ainda havia mais dois lances, voltou balançando a cabeça. Churchill não tinha sido feito para uma existência reclusa muitos metros sob a terra e também não demonstrou o mínimo interesse em saber como havia sido lá. De volta à luz do dia, ele solicitou uma cadeira e permaneceu alguns instantes absorto em pensamentos... E continuou em silêncio até chegar a Potsdam, em companhia de seu médico particular.

Uma série de acontecimentos confusos encerrou o Império de Hitler e, como nenhum outro fato, repleto de controvérsia, obsessão e drama. O observador depara-se com incontáveis destinos: alguns, trágicos; outros, aterrorizantes. Ainda assim, ele tem dificuldade em falar de tragédia. Para tal, pelo menos no que diz respeito aos líderes que desempenharam seu papel no último ato, estavam em jogo por demais resignação e cega submissão. Não ocorreu a nenhum dos oficiais do *bunker* tomar Hitler pela palavra, durante o informe de 22 de abril, quando ele declarou que a guerra estava perdida. Em vez disso, Keitel, Jodl, Krebs e outros procuraram convencê-lo a dar continuidade àquela luta sem sentido. Da mesma forma, nenhum dos militares do alto escalão estava disposto a hastear a bandeira branca após o suicídio de Hitler. Muito pelo contrário, eles ocultaram a morte do *Führer* de forma a prolongar a motivação da resistência por mais algumas horas. Para tanto, aceitaram até o fato de Zhukov e Stalin terem sido informados sobre a morte de Hitler, antes mesmo de seu sucessor, Dönitz.

Essa adequação extrapolava qualquer princípio de bom senso e de responsabilidade. Ela não continha nenhum vestígio de legitimidade. O que predominava em toda seqüência dos acontecimentos e custou inúmeras vidas foram, por um lado, uma vontade inabalável e, por outro, uma adestrada submissão, ambos encarcerados num mundo ilusório. Havia exceções, porém o desenrolar dos acontecimentos lhes ha-

Troféu do vencedor: um soldado do Exército Vermelho com uma cabeça de bronze de Hitler. Início de maio de 1945.

via destinado, logicamente, apenas papéis secundários. Os que se encontravam na ribalta eram outros, que repetiam sempre os mesmos textos subservientes. Em tragédias reais, não há lugar para criados. Nem no palco da história.

Onde quer que se examine a fundo o espólio de Hitler, seja nos discursos ou nos atos, sobressai o tom niilista que dominava todo o seu mundo imaginário. Quase no mesmo dia, três anos antes de seu fim no *bunker* de Berlim, ele havia exortado seus companheiros de mesa, no quartel-general, a usarem de todas as forças para alcançar a vitória, pois não se podia perder essa grande oportunidade. Com um gesto de desdém, acrescentou: "Deve ficar claro que, em caso de derrota, perderemos tudo." Ele bem sabia que havia cortado todos os laços com o mundo. No entanto, ele sempre convertia os abalos inesquecíveis que provocava em méritos seus. Não lhe interessavam as conseqüências.

Seu círculo imediato e muitos contemporâneos pareciam compartilhar, inicialmente, dessa visão. Eles acreditavam, de qualquer forma, que sua derrota tiraria Hitler do mundo. Na noite de 30 de abril, quando o corpo do *Führer* havia se tornado um monte de cinzas, um dos funcionários do serviço secreto do império, Hermann Karnau, foi uma vez mais à torre da saída do jardim, atrás da Chancelaria, onde o chefe de pelotão, Erich Mansfeld, montava guarda, e disse-lhe para descer, pois seu turno havia terminado. E acrescentou: "Tudo está acabado."

Na verdade, nada estava acabado. Pelo contrário, aos poucos, tornava-se patente o que desaparecera já durante a ascensão de Hitler ao poder e o que se perdera, irrevogavelmente, com sua morte. De qualquer forma, muito mais do que era visível: os mortos, os montes de escombros e os vestígios da devastação espalhados pelo continente. Possivelmente, um mundo. Como acontece sempre durante os ocasos, perde-se muito mais do que apenas o que é visível.

Bibliografia

Este relato carece de notas. Isso não significa, em hipótese alguma, que cada citação ou evento mencionado não possa ser documentado. Ao contrário, o fato de não ter indicado as fontes deve-se à confusão de testemunhos, freqüentemente sem nexo e, em sua maioria, não mais passíveis de elucidação. Muitas vezes, as informações fornecidas por uma fonte indicada teriam de ser confrontadas com uma ou mais citações ou descrições divergentes.

Já no prefácio, foi mencionada a contradição existente na maioria dos relatos. Até mesmo um fato importante e inesquecível para os que estavam próximos, como foi o suicídio de Hitler, não foi exceção. Não houve nem consenso sobre a localização do ditador quando, na tarde de 30 de abril de 1945, seu criado, Heinz Linge, e Martin Bormann, seguidos de perto pelo assistente pessoal do *Führer*, Otto Günsche, entraram na sala de estar de Hitler. Estava ele no sofá, ao lado de Eva Braun; ou na poltrona, ao lado do sofá? A confusão ainda aumenta visto, por vezes, uma mesma pessoa descrever os mesmos fatos de formas diferentes em cada depoimento. Assim sendo, ficam na dúvida o local e o desenrolar da recepção dada em honra ao 56º aniversário de Hitler; bem como a seqüência de acontecimentos por ocasião do dramático informe de 22 de abril; além de muitos outros eventos. As discrepâncias, geralmente, referem-se a fatos irrelevantes. É obrigação do cronista, entretanto, levá-las em consideração e, em princípio, anotar qualquer incoerência, por menor que seja. Para não sobrecarregar esta exposição com uma quantidade excessiva de notas do autor, a versão adotada foi a mais provável ou aquela fornecida pela testemunha de maior credibilidade. No caso de dúvidas em questões de maior peso, isso foi assinalado no texto.

Certamente, serve de orientação para o leitor antecipar algumas observações aos títulos da bibliografia utilizada.

A primeira obra publicada, já no verão de 1946, com o título *Os Últimos Dias de Hitler*, foi escrita pelo historiador britânico Hugh R. Trevor-Roper. Ela foi o resultado de incontáveis entrevistas que o próprio autor realizou ainda no verão e outono de 1945. Muitos informantes em potencial já tinham sido feitos prisioneiros de guerra e estavam em mãos soviéticas; outros, tinham desaparecido, sendo que Trevor-Roper, por si só, chegou a descobrir o paradeiro de alguns. Inevitavelmente, seu relato tem uma ou outra falha, uma vez que o cruzamento de informações com depoimentos de terceiros era quase impossível na época, e alguns entrevistados davam, propositadamente, informações erradas. Essas comparativamente pequenas falhas do livro são compensadas pela esplêndida visão geral do autor, sua firmeza de opinião e seu estilo brilhante.

Somente quase vinte anos depois, surgiram outros trabalhos que, ao contrário da obra de Trevor-Roper, também incluíam acontecimentos históricos que antecederam os descritos por ele. Além disso, esses trabalhos eram acrescidos de memórias e anotações (G. Boldt, K. Koller, E. Kempka, E.-G. Schenck, H. Reitsch e outros) que não haviam estado à disposição de Trevor-Roper nessa forma, e que, às vezes, completavam o cenário com detalhes esclarecedores. Nos anos 1960, portanto, houve logo três autores com pendor histórico que se sentiram desafiados pelo tema dramático e singular.

Erich Kuby foi o primeiro, em 1965, ao lançar o livro *Os Russos em Berlim, 1945*, antes parcialmente publicado, como seriado, na revista *Der Spiegel.* No ano seguinte, surgiu a obra do americano Cornelius Ryan, que já havia tido grande sucesso com sua reportagem sobre a invasão da Normandia. Ela foi intitulada *A Última Batalha.* Pouco depois, John Toland, outro renomado jornalista americano, lançou *O Fim. Os Últimos Cem Dias.* Todas essas obras, às quais se juntou, ainda, *A Batalha por Berlim, 1945 — Das Colinas de Seelow à Chancelaria do Império*, de Tony le Tissier, baseavam-se em memórias que, nesse meio-tempo, haviam se tornado acessíveis, bem como em incontáveis testemunhos.

A fácil leitura dos livros era inversamente proporcional à abrangência histórica e à exatidão dos fatos neles descritos. O livro *A Catacumba: O Fim na Chancelaria do Império*, publicado em meados da década de 1970, de autoria de Uwe Bahnsen e James P. O'Donnell, era muito mais consistente e baseava-se em novas entrevistas realizadas com testemunhas sobreviventes. É um livro que supera em plasticidade e densidade de informação de todos os títulos anteriormente mencionados.

Como costuma acontecer, com o passar dos anos, vários erros se introduziram na descrição da fase final do Terceiro Reich que, freqüentemente, foram passados de um livro para outro. Isso se deve, em grande parte, aos relatos contraditórios das pessoas envolvidas. A correção de imprecisões, quando possível, foi mérito de Anton Joachimsthaler, em seu livro *O Fim de Hitler: Lendas e Documentos*. Com um pedantismo extremado, beirando o azedume, ele confrontou todas as descobertas, extraindo as mais confiáveis. A sua documentação refere-se, tão-somente, à construção do *bunker* do *Führer*, à morte de Hitler, bem como à questão, ainda não esclarecida por completo, sobre o paradeiro dos corpos do ditador e de sua esposa.

Desnecessário mencionar que este texto, voltado, sobretudo, para o acontecido em Berlim, inclui inúmeras páginas de diários e recordações. Algumas coleções merecem grande reconhecimento, como por exemplo *A Luta por Berlim, 1945, em Relatos de Testemunhas Oculares*, de Peter Gosztony, bem como *A Batalha Mortal da Capital do Império*, de Bengt von zur Mühlen e outros. Além disso, muitas impressões descritas também têm sua origem em relatos de familiares e amigos do autor que presenciaram o colapso.

ANDREAS-FRIEDRICH, Ruth. *Schauplatz Berlin. Ein deutsches Tagebuch.* Munique: Lentz, 1962.

BAHNSEN, Uwe e O'DONNELL, James P. *O Bunker de Hitler — Os Últimos Momentos do Terceiro Reich.* Rio, Record [s.d.].

BAUR, Hans. *Ich flog Mächtige der Erde.* Kempten: A. Pröpster, 1956.

BELOW, Nicolaus von. *Als Hitlers Adjudant 1937 — 45.* Mainz: Mainz v. Hase & Koehler, 1980.

BOLDT, Gerhardt. *Die letzten Tage der Reichskanzlei.* Zurique: [s.ed.], 1947.

BORMANN, Martin. *The Bormann Letters. The Private Correspondence between Martin Bormann and his Wife from January 1943 to April 1945.* Organização de H. R. Trevor-Roper. Londres: [s.ed.], 1954.

————. *Le testament politique de Hitler.* Organização de H. R. *Trevor-Roper.* Paris: [s.ed.], 1959.

BOURKE-WHITE, Margaret. *Deutschland. April 1945.* Munique: [s.ed.], 1979.

BOVERI, Margaret. *Tage des Überlebens.* Munique: R. Piper, 1968.

GOSZTONY, Peter (org.). *Der Kampf um Berlin 1945 in Augenzeugenberichten.* Düsseldorf: Rauch, 1970.

JOACHIMSTHALER, Anton. *Hitlers Ende. Legenden und Dokumente.* Munique: [s.ed.], 1999.

KARDORFF, Ursula von. *Berliner Aufzeichnungen.* Munique: Biederstein, 1964.

KEMPKA, Erich. *Ich habe Adolf Hitler verbrannt.* Munique: Kyburg, 1951.

KOLLER, Karl. *Der letzte Monat. Die Tagebuchaufzeichnungen des ehemaligen Chefs des Generalstabes der deutschen Luftwaffe vom 14. April bis zum 27. Mai 1945.* Mannheim: N. Wohlgemuth, 1949.

KUBY, Erich. *Die Russen in Berlin 1945.* Munique: [s. ed.], 1965.

MÜLLER, Rolf-Dieter e UEBERSCHÄR, Gerd R. *Kriegsende 1945. Die Zerstörung des deutschen Reiches.* Frankfurt: Fischer-TB, 1994.

MUSUMANNO, Michael A. *Ten Days to Die.* Garden City, N.Y.: Doubleday, 1950.

REITSCH, Hanna. *Fliegen, mein Leben.* Stuttgart: DVA, 1951.

RUHL, Klaus-Jörg. *Deutschland 1945. Alltag zwischen Krieg und Frieden in Berichten, Dokumenten und Bildern.* Darmstadt/Neuwied: Luchterhand, 1984.

RYAN, Cornelius. *The Last Battle.* Nova York: Simon and Schuster, 1995.

SCHÄFER, Hans Dieter. *Berlin im Zweiten Weltkrieg. Der Untergang der Reichshauptstadt in Augenzeugenberichten.* Munique: Piper, 1985.

SCHENCK, Ernst-Günther. *Ich sah berlin sterben. Als Arzt in der Reichskanzlei.* Herford Nicolaische Verlagsbuchhandlung, 1970.

SCHROEDER, Christa. *Er war mein Chef. Aus dem Nachlass der Sekretärin von Adolf Hitler.* Munique: Langen Müller, 1985.

SPRINGER, Hildegard. *Es sprach Hans Fritzsche. Nach Gesprächen, Briefen und Dokumenten.* Stuttgart: Thiele, 1949.

STEINER, Felix. *Die Armee der Geächteten.* Göttingen: Plesse Verlag, 1963.

STUDNITZ, Hans-Georg von. *Als Berlin brannte. Diarium der Jahre 1943 bis 1945.* Stuttgart: W. Kohlhammer, 1963.

TISSIER, Tony le. *The Battle of Berlin 1945.* Nova York, St. Martin's Press, 1988.

TOLAND, John. *The Last 100 Days.* Nova York: Random House, 1966.

TRAMPE, Gustav (org.). *Die Stunde Null. Erinnerungen na Kriegsende und Neuanfang.* Stuttgart: Deutsche Verlagsanstalt, 1995.

TREVOR-ROPER, Hugh R. *Os Últimos Dias de Hitler. O Fim Trágico do Terceiro Reich.* Rio: Record [s.d].

TSCHUIKOV, Vassili I. *Das Ende des Dritten Reiches.* Munique: [s.ed], 1966.

VÖLKLEIN, Ulrich (org.) *Hitlers Tod. Die letzten Tage im Führerbunker.* Göttingen: Steidl, 1998.

ZUR MÜHLEN, Bengt von (org.). *Der Todeskampf der Reichshauptstadt.* Berlim: Chronos, 1994.

Índice onomástico

Crédito das ilustrações:

Peter Palm, Berlim/Alemanha: p. 26, 31.

Serviço Fotográfico da Editora Süddeutscher: p. 36, 78, 108, 113, 125, 162, 175, 177

Arquivo Federal/Berlim: p. 76.

Obs.: "Os editores lamentam não terem conseguido localizar os detentores dos direitos das ilustrações das páginas 19 e 84 e se prontificam a pagar por tais permissões ao serem solicitados pelos mesmos."

IMPRESSÃO E ACABAMENTO:
YANGRAF Fone/Fax:
6195.77.22
e-mail:yangraf.comercial@terra.com.br